Emotieregulatietraining bij kinderen
en adolescenten
Werkboek

Emotieregulatietraining bij kinderen en adolescenten

Werkboek

Redactie:

Elisa Boelens

Eva Van Malderen

Taaike Debeuf

Brenda Volkaert

Sandra Verbeken

Laura Wante

Caroline Braet

bohn stafleu van loghum

Houten 2019

ISBN 978-90-368-2383-8
NUR 777

Ontwerp omslag en binnenwerk: Studio Bassa, Culemborg
Automatische opmaak: Pre Press Media Groep, Zeist
Illustraties: Marcel Jurriëns

Bohn Stafleu van Loghum
Walmolen 1
Postbus 246
3990 GA Houten

www.bsl.nl

Inhoud

Inleiding

Hallo, welkom op deze training!

In ons dagelijkse leven krijgen we te maken met veel verschillende soorten situaties. Sommige zaken bezorgen ons een goed gevoel of zorgen ervoor dat we ons kunnen ontspannen en genieten. Maar sommige gebeurtenissen geven ons stress of een minder fijn gevoel. Denk maar aan ruzie met vrienden of familie, een doel dat je niet bereikt hebt, eigenschappen van onszelf waar we niet zo tevreden over zijn, nieuwe vrienden maken, verhuizen, verliefd worden, je lichaam dat voortdurend verandert, nieuwe leerstof op school, iemand die je verliest, ...

Al deze zaken kunnen er soms voor zorgen dat je je wel eens gestrest, bang, boos of verdrietig voelt... Dat is oké, we voelen ons allemaal wel eens wat minder goed in ons vel. Maar, soms kunnen deze gevoelens zo overweldigend worden dat ze je kunnen tegenhouden om zo goed mogelijk je schoolwerk te doen, volop te genieten van je vrije tijd, jezelf op een positieve manier te verzorgen of positief in relatie te gaan met vrienden en familie. Soms geraak je dan wat vast in een bepaald patroon waardoor het steeds moeilijker wordt om je goed te voelen. Op een goede manier kunnen omgaan met je gevoelens is dus erg belangrijk in ons dagelijkse leven. En dat is nu net hetgeen waar je in deze EuREKA-training rond zal werken!

Sommige zaken zal je al onder de knie hebben en zal je misschien nog wat versterken, terwijl andere manieren om met je gevoel om te gaan eerder nieuw zullen zijn. Wat heel belangrijk is, is dat er niet één goede manier bestaat om goed om te gaan met je gevoelens en dat zal je binnenkort stap voor stap ontdekken!

De EuREKA-training bestaat uit 12 bijeenkomsten waarbij je stap voor stap zal leren om op een goede manier met je gevoelens om te gaan. Wat je hier zal leren, kan je de rest van je leven gebruiken! Tijdens deze bijeenkomsten zal je steeds gebruik kunnen maken van dit werkboek om oefeningen te maken. Verder is er ook uitleg voorzien rond alles wat je in de training zal bijleren en kan dit werkboek je ook buiten de bijeenkomsten extra ondersteuning te bieden.

VEEL SUCCES!

Werkblad 1: Voorblad

Dit werkboek is van:

____

Bijeenkomst 1:
KENNISMAKING

In deze bijeenkomst zal je de volgende werkbladen nodig hebben:

Werkblad 2: EuREKA-LETTERWOORD
Werkblad 3: BINGO
Werkblad 4: GROEPSAFSPRAKEN
Werkblad 5: DOEL VAN DE TRAINING
Werkblad 6: MIJN PERSOONLIJK GEVOEL EN DOEL
Werkblad 7: EuREKA-CIRKEL
Werkblad 8: BELANG VAN OEFENEN
Werkblad 9: HINDERNISSEN OVERWINNEN
EuREKA-TIME 1

Werkblad 2: EuREKA-letterwoord

Emotie

REgulatie

training

voor

Kinderen

&

Adolescenten

Werkblad 3: Bingo

IK BEN GEBOREN IN OKTOBER	IK HEB AL EENS EEN LICHAAMSDEEL GRBOKEN	IK HEB BLAUWE OGEN	MIJN FAMILIENAAM HEEFT MEER DAN 8 LETTERS
IK LEES GRAAG BOEKEN	IK KAN GOED ZINGEN	IK BEN FAN VAN SHAWN MENDES	IK HEB EEN BROER
IK BEN LINKSHANDIG	IK KAN 2 TALEN SPREKEN	IK SLAAP MET MIJN KNUFFEL	IK WOON IN EEN APPARTEMENT
MIJN LIEVELINGSVAK IS WISKUNDE	IK BEN GROTER DAN 1m60	IK KAN GOED TEKENEN	IK BEN AL EENS NAAR EEN PRETPARK GEWEEST

Werblad 4: Groepsafspraken

Onze groepsnaam is: ____

En deze afspraken zijn voor ons heel belangrijk:

☐ ER ZIJN GEEN GOEDE OF FOUTE ANTWOORDEN

☐ RESPECTEER ANDEREN EN HUN IDEEËN

☐ ER IS ÉÉN PERSOON TEGELIJKERTIJD AAN HET WOORD

☐ WE LUISTEREN NAAR ELKAAR

☐ ALLE GROEPSLEDEN KUNNEN HUN IDEEËN MET DE GROEP DELEN

☐ ALLES WAT IN DE GROEP BESPROKEN WORDT, IS VERTROUWELIJK: WE GAAN VERHALEN NIET VERTELLEN AAN VRIENDEN/VRIENDINNEN

☐ WAT WE TIJDENS DE BIJEENKOMST AFSPREKEN: DOEN WE OOK!

☐ ____

☐ ____

☐ ____

Ik onderteken deze groepsafspraken met de belofte om ze na te leven:

Werkblad 5: Doel van de training

In ons **dagelijkse leven** hebben we soms wel eens **stress of een minder fijn gevoel** door bijvoorbeeld:

- Ruzie met vrienden of familie, een doel dat je niet bereikt hebt, eigenschappen van onszelf waar we niet zo tevreden over zijn, nieuwe vrienden maken, verhuizen, verliefd worden, ons lichaam dat voortdurend verandert, nieuwe leerstof op school, iets of iemand dierbaar te verliezen.

Een minder goed gevoel hebben = **OKÉ!**

- Maar, **soms** kunnen deze gevoelens zo overweldigend worden dat ze ons kunnen **tegenhouden en dan geraken we vast** in een bepaald patroon waardoor het steeds **moeilijker wordt om ons goed te voelen.**

EuREKA-training =

- 12 keer samenkomen in het zelfde groepje
- Echte **gevoelensexperts** worden
- Leren om op een goede manier te kunnen **omgaan met minder leuke gevoelens**
- Dingen **bijleren en verder oefenen** met de dingen die we al kunnen
- **Verschillende manieren leren** om met je gevoelens om te gaan
- Alles **stap voor stap** leren

Werkblad 6:
Mijn persoonlijk gevoel & doel

Welk GEVOEL staat jou soms in de weg?

WANNEER staat dit gevoel jou soms in de weg?

Welk GEVOEL zou je dan eigenlijk willen hebben?

Welk DOEL wil je met deze training bereiken?

Aan wat zou je eerst merken dat je doel BEHAALD is?

Mijn EuREKA-ZIN:

Ik neem deel aan de training want

Werkblad 7: EuREKA-cirkel

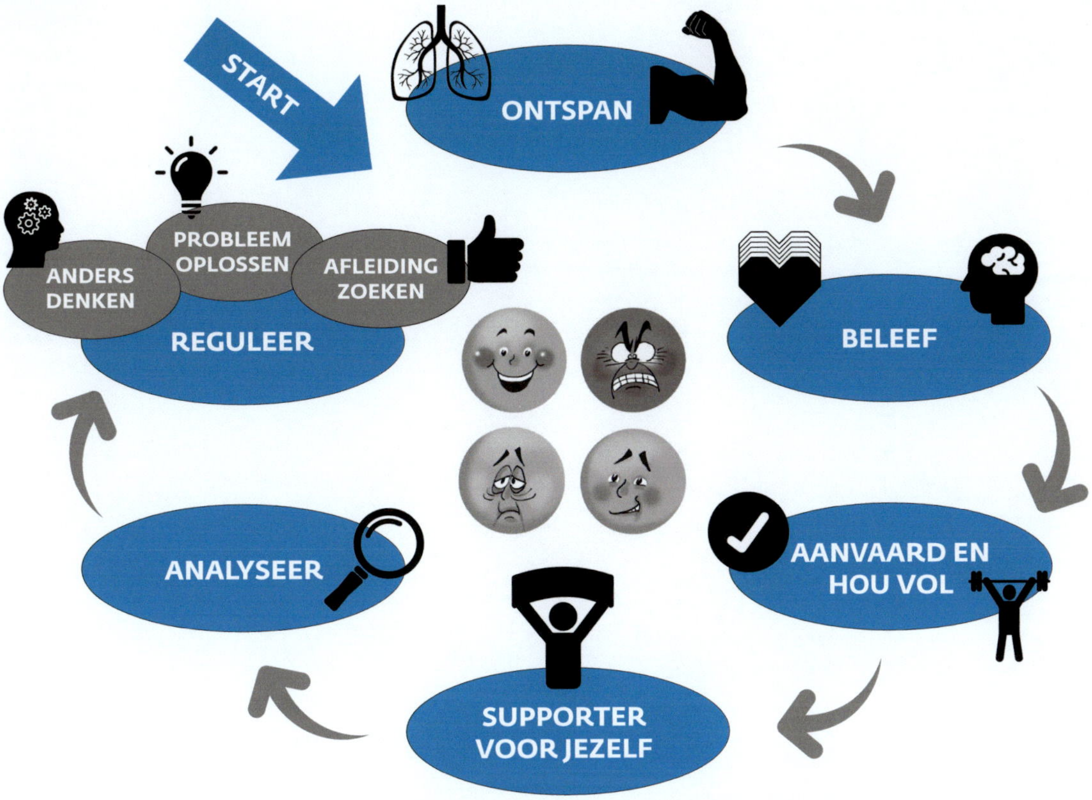

STAP 1: ONTSPAN

- Het lichaam voldoende rustig leren maken: spieren en ademhaling ontspannen

STAP 2: BELEEF

- Leren om een gevoel niet meteen als goed of slecht zien

STAP 3: 'AANVAARD EN HOU VOL'

- Leren een gevoel aanvaarden en volhouden want een gevoel geeft ons een nuttige boodschap en blijft gelukkig niet voor altijd even sterk aanwezig

STAP 4: 'SUPPORTER VOOR JEZELF'

- Leren jezelf aan te moedigen

STAP 5: 'ANALYSEER'

- Leren onderzoeken waar een gevoel vandaan komt en met wat het precies te maken heeft

STAP 6: 'REGULEER'

- Leren hoe we precies met een gevoel kunnen omgaan en hoe een goede manier te kiezen

Werkblad 8: Belang van oefenen

Oefenen en trainen vraagt veel energie!

We kunnen **in** de **hersenen kijken**!
- Elke **groep zenuwcellen** is **getraind in iets**
- **Zenuwcellen** kunnen we **versterken** door te **oefenen**
- **Zenuwcellen** werken **net zoals spieren.** Als je ze traint, dan worden ze sterker

Oefenen = **gemakkelijker** als onze **hersenen positieve/goede stoffen aanmaken**!
- Positieve/goede stoffen komen vrij als we **goede persoonlijke doelen** voor ogen hebben
- Dan gaat het **beter om onze zenuwcellen sterker** te maken

Werkblad 9: Hindernissen overwinnen

WANNEER PLAN IK MIJN EuREKA-TIME?

____

____

____

WAAR PLAN IK MIJN EuREKA-TIME?

____

____

____

WAT ZORGT ERVOOR DAT IK DE EuREKA-TIME NIET VERGEET?

____

____

____

WAAR VRAAG IK HULP MET EuREKA-TIME?

____

____

____

HOE KAN IK MIJZELF NADIEN BELONEN?

____

____

____

EuREKA-TIME 1

Wat heb jij voornamelijk onthouden van de eerste bijeenkomst?

Wat was voor jou persoonlijk belangrijk?

Wat wil je de volgende keer zeker nog vragen?

Hoe was het om deze opdracht te maken?

Erg saai ———————————————— Erg leuk

Wat vond je van de lengte van de opdracht?

Erg kort ———————————————— Erg lang

Wat vond je van de opdracht?

Niet leerrijk ———————————————— Erg leerrijk

Welke hindernissen heb je ondervonden bij het maken van deze opdracht?
Wat vond je moeilijk aan het maken van deze opdracht?

____

____

____

____

____

____

____

Hoe heb je deze moeilijkheden/hindernissen aangepakt?

____

____

____

____

____

____

____

Bijeenkomst 2: BASISCOMPETENTIE 1 ONTSPAN

In deze bijeenkomst zal je de volgende werkbladen nodig hebben:

Werkblad 10: EuREKA-CIRKEL STAP 1 ONTSPAN
Werkblad 11: WAT VERTELT STRESS ONS
Werkblad 12: MIJN STRESS-SCHEMA
Werkblad 13: BUIKADEMHALING EN SPIERONTSPANNING
Werkblad 14: ERVARINGEN
EuREKA-TIME 2

Werkblad 10: EuREKA-cirkel stap 1: 'Ontspan'

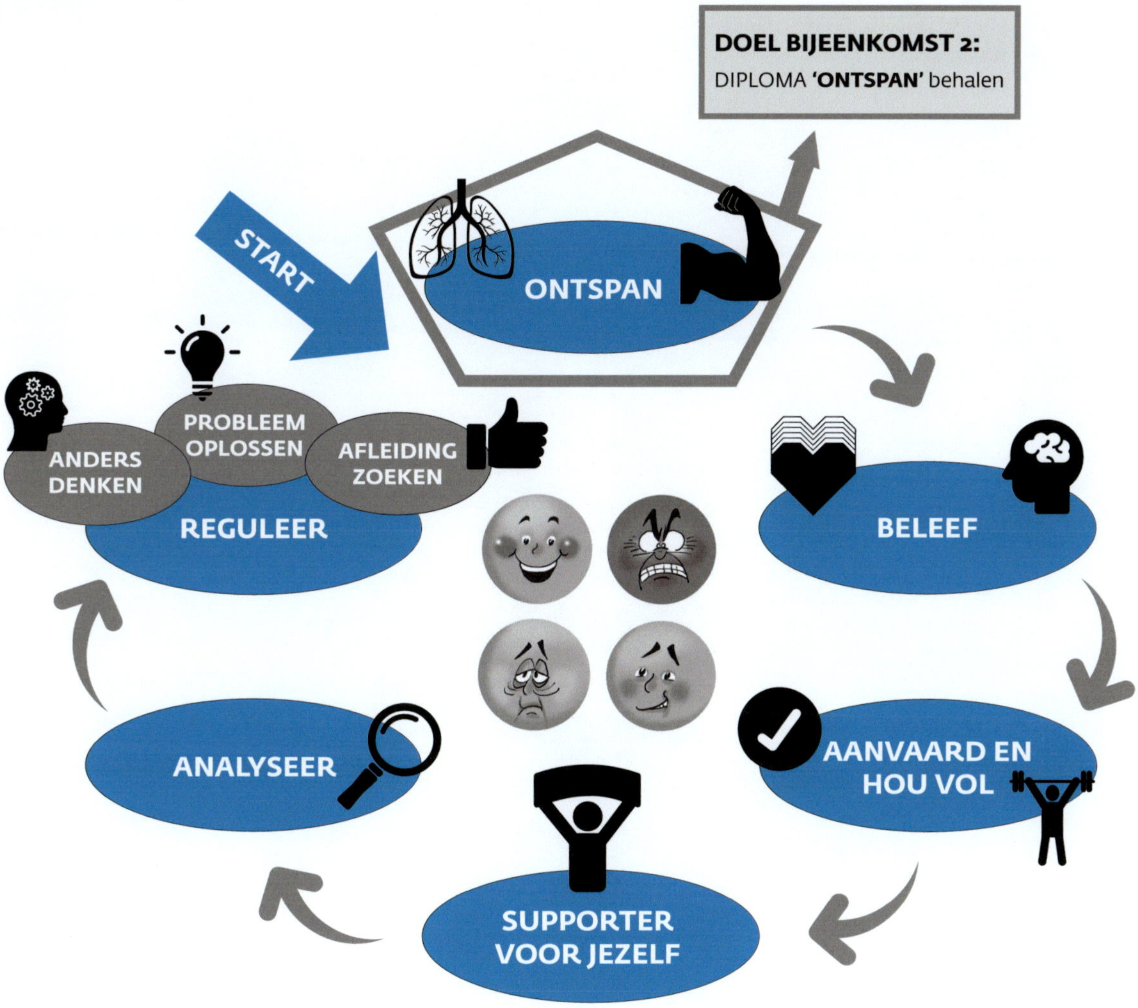

Werkblad 11:
Wat vertelt stress ons?

Tegenwoordig hebben we machines waarmee we in onze hersenen kunnen kijken. Deze machines tonen ons dat wanneer we stress voelen, er een gebied in onze hersenen extra actief is: **ONS STRESSCENTRUM**

Ons stresscentrum geeft een **boodschap** aan de rest van ons **lichaam**, dat zich dan klaar maakt om snel te reageren op mogelijk gevaar. Hierdoor:

- Zijn we klaarwakker
- Spannen onze spieren zich op
- Ademen we sneller

Heel erg **lang geleden**, toen mensen nog in grotten woonden, was **stress erg nuttig** en belangrijk om te **overleven**. Ons lichaam kon snel reageren door:

- Te vluchten
- Te vechten
- Te bevriezen

Vandaag de dag zijn onze **stresssituaties** meestal **niet zo gevaarlijk meer als vroeger**, waardoor zo een snelle reactie vaak niet erg nuttig is.

Stress geeft ons een boodschap, dus het kan heel erg nuttig zijn. Maar wanneer stress zo erg aanwezig is dat ons lichaam denkt dat er gevaar dreigt terwijl dit niet zo is, is het niet meer nuttig.

Weinig tot geen stress = "Ik vind het niet belangrijk", ik zal minder goed presteren

Gemiddelde stress = "Gezonde stress", zorgt ervoor dat je lichaam voldoende energie heeft om goed te presteren

Veel tot erg veel stress = "Ik kan dit niet controleren, ik blokkeer", ik zal minder goed kunnen presteren

Spieren opgespannen en ademhaling sneller = moeilijk om op een goede manier te kunnen omgaan met de situatie of minder fijne gevoelens.

DUS: belangrijk om een **signaal aan ons stresscentrum te geven:** "*Hé, er is hier geen gevaar, zo een hevige reactie van mijn lichaam is helemaal niet nodig!*".

HOE?

ADEMHALING EN SPIEREN ONTSPANNEN

Werkblad 12: Mijn stress-schema

WANNEER, IN WELKE SITUATIE VOEL JIJ MEESTAL STRESS?

WAT VERTELT DEZE STRESS JOU?

WAT DOE JIJ DAN? HELPT DIE REACTIE JOU?

WAAR VOEL JE DE STRESS IN JE LICHAAM?

WAT ZOU MISSCHIEN EEN BETERE REACTIE KUNNEN ZIJN?

Werkblad 13: Buikademhaling + spierontspanning

Veel stress zorgt ervoor dat we snel gaan ademhalen en onze spieren zich opspannen. Hierdoor krijgen we vaak nog meer stress!

Door buikademhaling en spierontspanning te doen, wordt onze stress minder groot; want ons stresscentrum in de hersenen krijgt de boodschap: *"Hé er is geen gevaar, zo'n hevige reactie is helemaal niet nodig, ik kan rustig blijven en kan ontspannen!"*

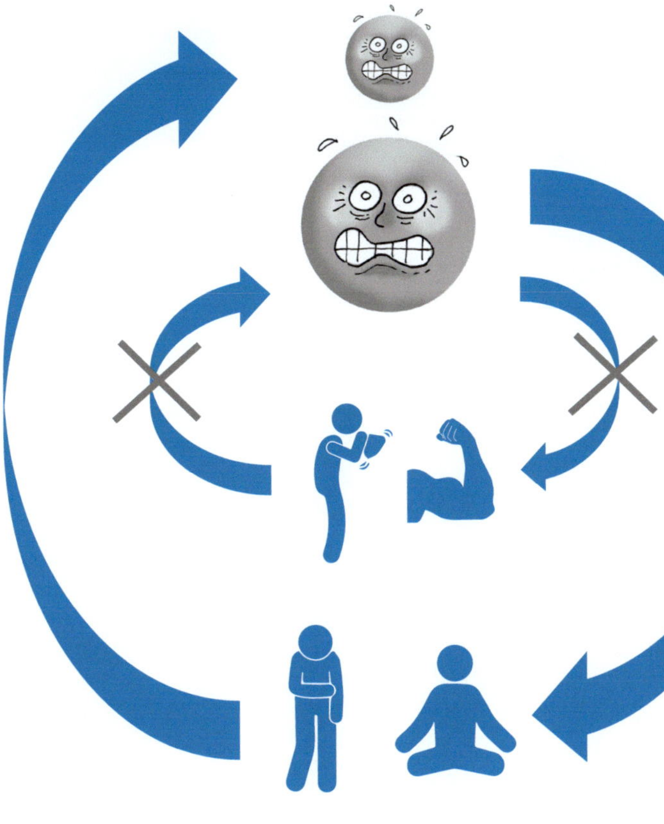

Werkblad 14: Ervaringen

ERVARING BUIKADEMHALING

Hoe aangenaam vond ik de buikademhalingsoefening?

Helemaal niet aangenaam — Heel aangenaam

Ik werd helemaal rustig door het doen van de buikademhaling.

Helemaal niet waar — Helemaal waar

Wat vind ik leuk aan de buikademhaling?

____

____

____

Wat vind ik niet leuk/moeilijk aan de buikademhaling?

____

____

____

ERVARING SPIERONTSPANNING

Hoe aangenaam vond ik het om mijn spieren OP TE SPANNEN?

Helemaal niet aangenaam ——————————————— Heel aangenaam

Hoe aangenaam vond ik het om mijn spieren te ONTSPANNEN?

Helemaal niet aangenaam ——————————————— Heel aangenaam

Wat vind ik leuk aan de spierontspanning?

____

____

____

Wat vind ik niet leuk/moeilijk aan de spierontspanning?

____

____

____

EuREKA-TIME 2

De eerste stap in het goed kunnen omgaan met onze gevoelens is: **ONTSPAN**

Dit doen we door zowel onze ademhaling als onze spieren te ontspannen. We doen dit aan de hand van **buikademhaling** en het **op- en ontspannen van onze spieren.** Neem een ontspannen houding aan en ga naar het **geluidsfragment: "STAP 1 ONTSPAN"**

Hoe aangenaam vond je de BUIKADEMHALING? (ONTSPAN)

Helemaal niet aangenaam — Heel aangenaam

Hoe rustig werd je van de BUIKADEMHALING? (ONTSPAN)

Helemaal niet rustig — Heel rustig

Hoe aangenaam vond je de SPIERONTSPANNING? (ONTSPAN)

Helemaal niet aangenaam — Heel aangenaam

Hoe rustig werd je van de SPIERONTSPANNING? (ONTSPAN)

Helemaal niet rustig — Heel rustig

Diploma stap 1: 'Ontspan'

Naam: ______________________________

Jouw handtekening: ______________________________

Handtekening trainer: ______________________________

Bijeenkomst 3: BASISCOMPETENTIE 2 BELEEF 1.0

In deze bijeenkomst zal je de volgende werkbladen nodig hebben:

Werkblad 15: EuREKA-CIRKEL STAP 2.1 BELEEF 1.0
Werkblad 16: GEVOELENS BELEVEN
Werkblad 17: EMOJI'S
Werkblad 18: MIJN GEVOELENS
EuREKA-TIME 3

Werkblad 15:
EuREKA-cirkel stap 2.1:
'Beleef 1.0'

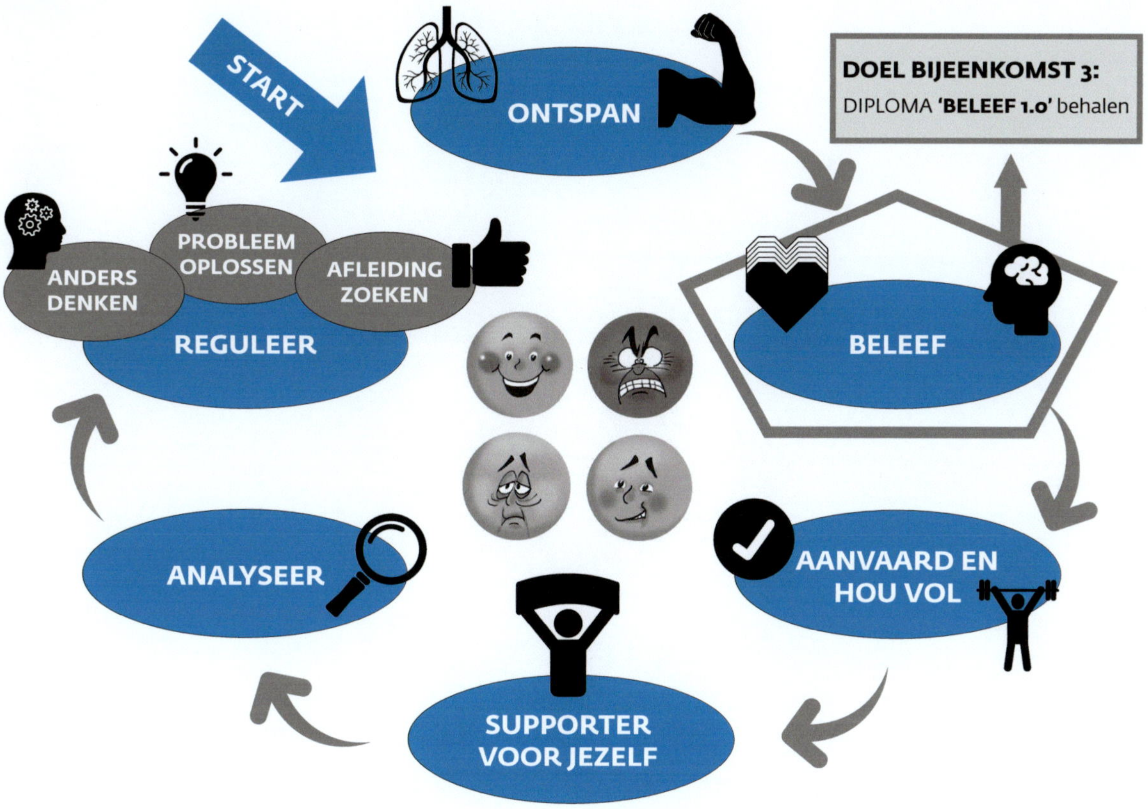

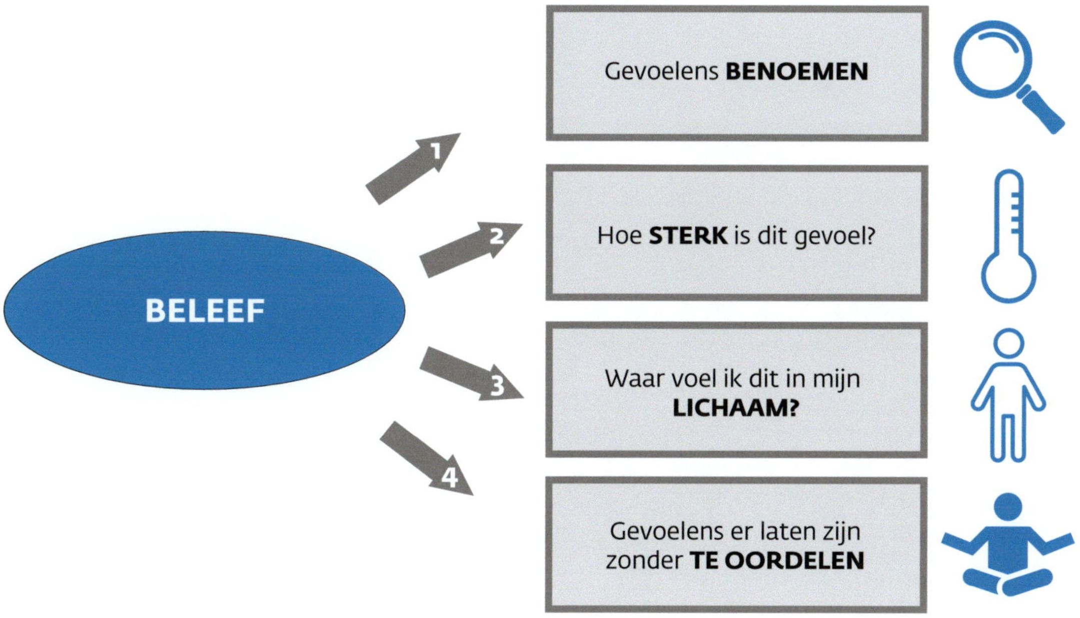

Werkblad 16: Gevoelens beleven

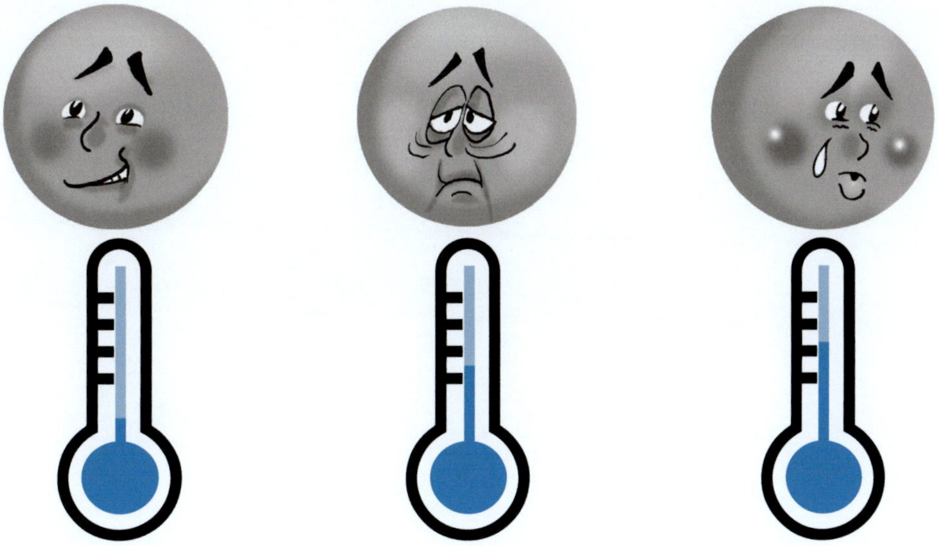

Stap 2: 'Beleef'

1. **Gevoel** juist kunnen **benoemen**
   - Bang, boos, blij, verdriet, jaloers, ...

2. Weten **hoe sterk** een **gevoel** is
   - Een beetje boos, boos of erg boos?
   - Gevoel scoren op een thermometer = hoe hoger het kwik, hoe sterker het gevoel!

3. Weten **waar** je een **gevoel voelt** in je **lichaam**
   - Bang = kan je bijvoorbeeld voelen in je buik, maar ook je hart kan sneller beginnen slaan

4. Een **gevoel niet meteen als goed of slecht zien**
   - **Stress en minder leuke gevoelens** ervaren = **OKÉ**

Werkblad 17: Emoji's

Boos 	Bang 	Blij 
Verdrietig 	Jaloers 	Stress 
Woede 	Schaamte 	Schuld 
Teleurstelling 	Vermoeidheid 	Verbazing 
Frustratie 	Verward 	Verveling 

Walging 	Verliefd 	Gek 
Opluchting 	Verwondering 	Dapper 
Zelfverzekerd 	Vrolijk 	Gelukkig 
Opgewekt 	Optimistisch 	Moedig 
Enthousiast 	Chill 	Sterk 

Werkblad 18: Mijn gevoelens: Blij

Denk eens terug aan een situatie waarin jij blij was: Wat was er toen gebeurd? Waar was je toen? Met wie was je? Waarom was je blij?

Hoe sterk was dit gevoel?

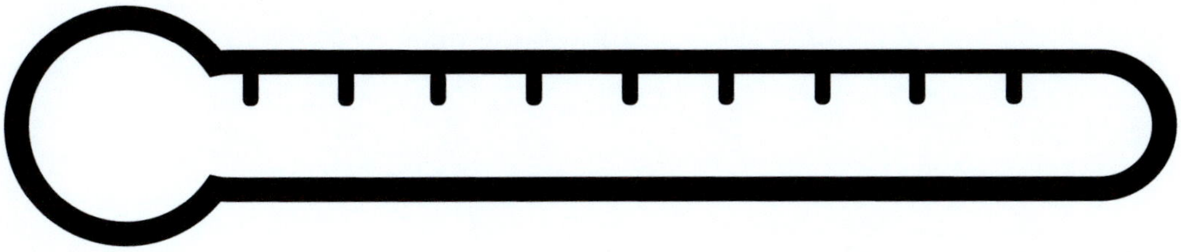

0 Helemaal niet sterk — 100 Heel erg sterk

Waar voelde je dit in je lichaam?

Werkblad 18:
Mijn gevoelens: Bang

Denk eens terug aan een situatie waarin jij bang was: Wat was er toen gebeurd? Waar was je toen? Met wie was je? Waarom was je bang?

___

___

___

Hoe sterk was dit gevoel?

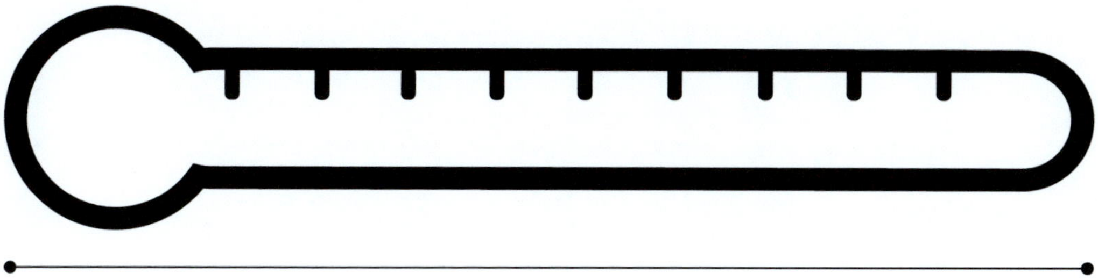

0 — Helemaal niet sterk

100 — Heel erg sterk

Waar voelde je dit in je lichaam?

Werkblad 18: Mijn gevoelens: Boos

Denk eens terug aan een situatie waarin jij boos was: Wat was er toen gebeurd? Waar was je toen? Met wie was je? Waarom was je boos?

Hoe sterk was dit gevoel?

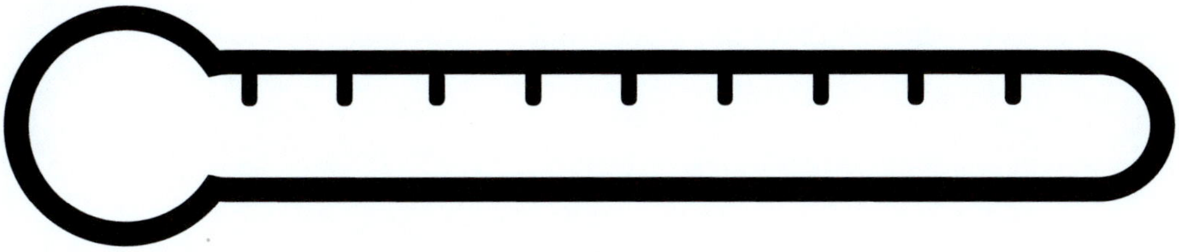

0 Helemaal niet sterk — 100 Heel erg sterk

Waar voelde je dit in je lichaam?

Werkblad 18: Mijn gevoelens: Verdrietig

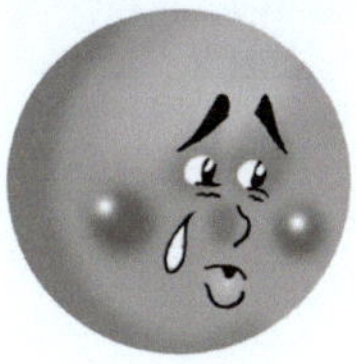

Denk eens terug aan een situatie waarin jij verdrietig was: Wat was er toen gebeurd? Waar was je toen? Met wie was je? Waarom was je verdrietig?

____

____

____

Hoe sterk was dit gevoel?

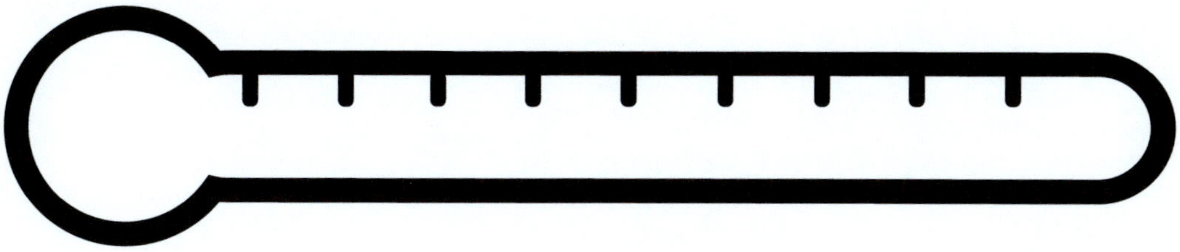

0 — 100

Helemaal niet sterk — Heel erg sterk

Waar voelde je dit in je lichaam?

Werkblad 18:
Mijn gevoelens: ....

Denk eens terug aan een situatie waarin jij .... was: Wat was er toen gebeurd? Waar was je toen? Met wie was je? Waarom was je ....?

Hoe sterk was dit gevoel?

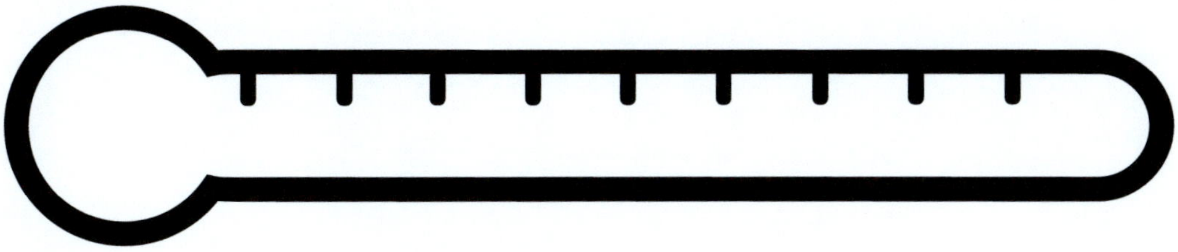

0 — 100

Helemaal niet sterk — Heel erg sterk

Waar voelde je dit in je lichaam?

EuREKA-TIME 3

Hoe goed lukte de BUIKADEMHALING? (ONTSPAN)

Helemaal niet goed — Heel goed

Hoe goed lukte de SPIERONTSPANNING? (ONTSPAN)

Helemaal niet goed — Heel goed

Hoe goed lukte het om je gevoel te BENOEMEN? (BELEEF)

Helemaal niet goed — Heel goed

Hoe goed lukte het om te bepalen hoe STERK je gevoel was? (scoren op een thermometer) (BELEEF)

Helemaal niet goed — Heel goed

Hoe goed lukte het om te bepalen WAAR je het gevoel IN JE LICHAAM voelde? (BELEEF)

Helemaal niet goed — Heel goed

Wat is er gebeurd dat je dit gevoel had? Waar was je toen? Met wie was je? Waarom had je dit gevoel?

Hoe sterk was dit gevoel?

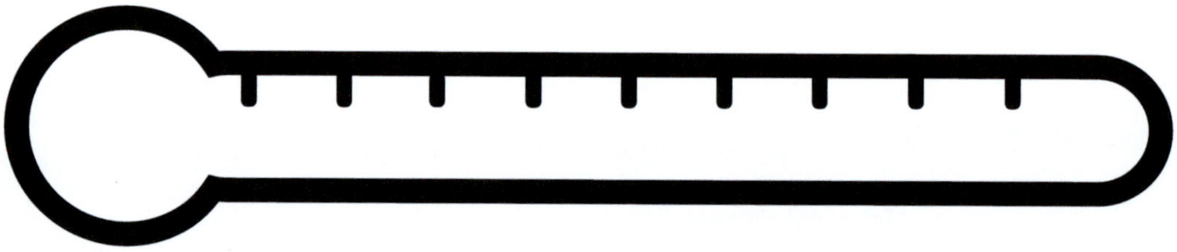

0 — 100

Helemaal niet sterk — Heel sterk

Waar voelde je dit in je lichaam?

Diploma stap 2.1: 'Beleef 1.0'

Naam: ____

Jouw handtekening: ______________________________________

Handtekening trainer: ____________________________________

Bijeenkomst 4: BASISCOMPETENTIE 2 BELEEF 2.0

In deze bijeenkomst zal je de volgende werkbladen nodig hebben:

Werkblad 19: EuREKA-CIRKEL STAP 2.2 BELEEF 2.0
Werkblad 20: LICHAAMSSCAN
Werkblad 21: ZINTUIGENSCAN
Werkblad 22: ROZIJNENOEFENING
EuREKA-TIME 4

Werkblad 19: EuREKA-cirkel stap 2.2: 'Beleef 2.0'

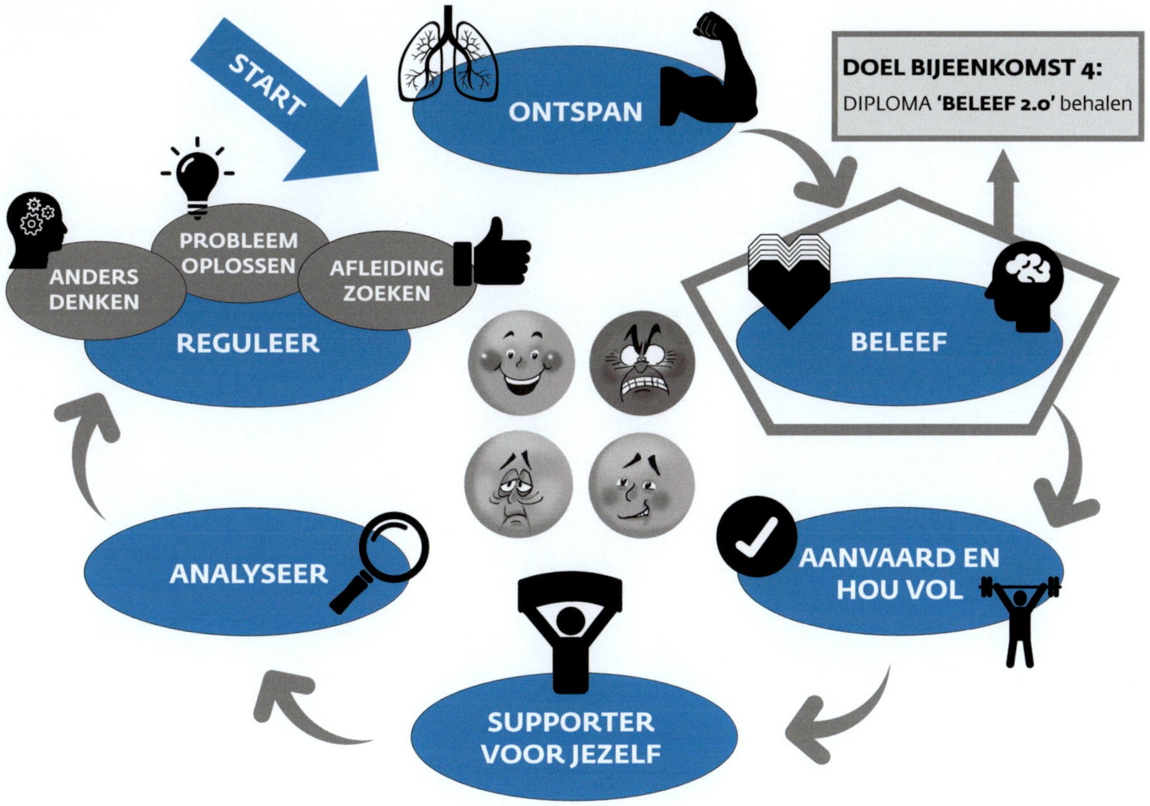

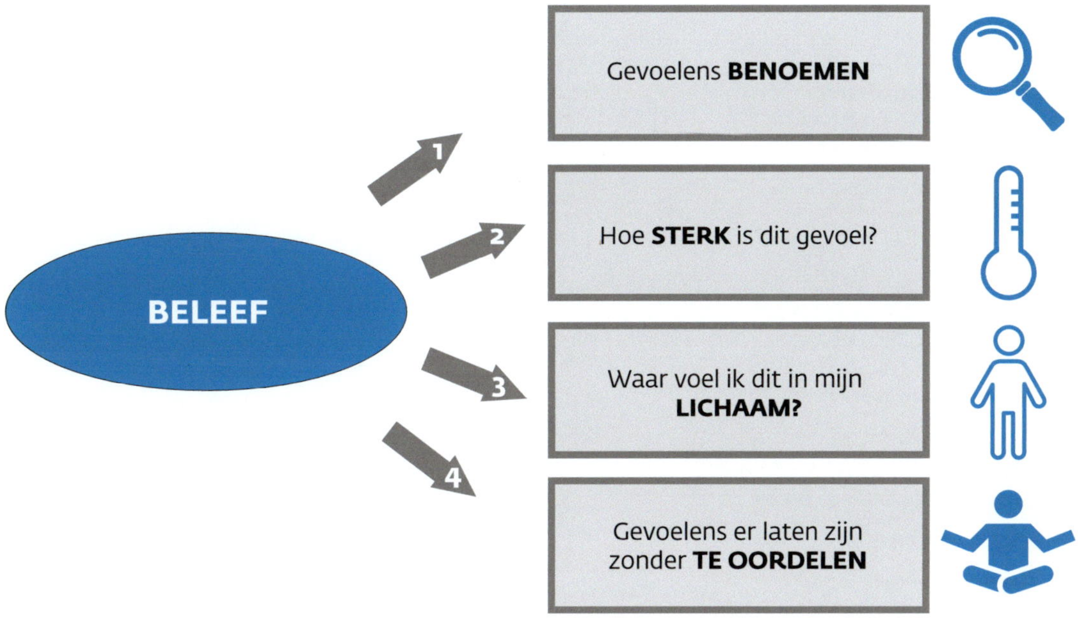

Werkblad 20: Lichaamsscan

Hoe aangenaam vond ik de lichaamsscan?

Helemaal niet aangenaam — Heel aangenaam

Wat voelde ik?

___

___

___

Hoe goed is het gelukt om dit niet meteen te zien als goed of slecht?

Helemaal niet goed — Heel goed

Indien goed, wat heeft er jou geholpen om dit goed te doen?

___

Indien minder goed, wat liep er moeilijk?

___

Werkblad 21: Zintuigenscan

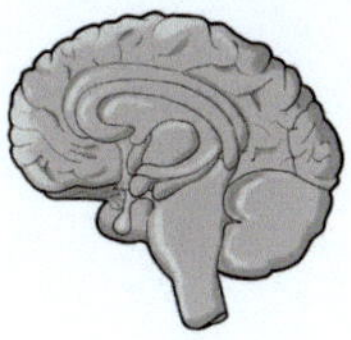

Hoe aangenaam vond ik de zintuigenscan?

Helemaal niet aangenaam — Heel aangenaam

Wat voelde ik?

___

Wat hoorde ik?

___

Wat smaakte ik?

___

Wat proefde ik?

___

Wat zag ik?

___

Hoe goed is het gelukt om dit niet meteen te zien als goed of slecht?

Helemaal niet goed — Heel goed

Wat heb je nodig om dit te kunnen?

___

Werkblad 22: Rozijnenoefening

Hoe aangenaam vond ik de rozijnenoefening?

Helemaal niet aangenaam — Heel aangenaam

Wat voelde ik?

Wat hoorde ik?

Wat smaakte ik?

Wat proefde ik?

Wat zag ik?

Hoe goed is het gelukt om dit niet meteen te zien als goed of slecht?

Helemaal niet goed — Heel goed

Wat heb je nodig om dit te kunnen?

EuREKA-TIME 4

Hoe goed lukte de BUIKADEMHALING? (ONTSPAN)

Helemaal niet goed ——— Heel goed

Hoe goed lukte de SPIERONTSPANNING? (ONTSPAN)

Helemaal niet goed ——— Heel goed

Hoe goed lukte het om je gevoel te BENOEMEN? (BELEEF)

Helemaal niet goed ——— Heel goed

Hoe goed lukte het om te bepalen hoe STERK je gevoel was? (scoren op een thermometer) (BELEEF)

Helemaal niet goed ——— Heel goed

Hoe goed lukte het om te bepalen WAAR je het gevoel IN JE LICHAAM voelde? (BELEEF)

Helemaal niet goed ——— Heel goed

Hoe goed lukte het om aandacht te geven aan wat je rook, voelde, hoorde, zag en smaakte? (BELEEF)

Helemaal niet goed — Heel goed

Hoe goed lukte het om aandacht te geven aan wat je voelt in je lichaam zonder het te beoordelen als goed of slecht? (BELEEF)

Helemaal niet goed — Heel goed

Hoe goed lukte het om aandacht te geven aan je gevoelens? (BELEEF)

Helemaal niet goed — Heel goed

Hoe goed lukte het om je gevoelens te beleven zonder het te beoordelen als goed of slecht? (BELEEF)

Helemaal niet goed — Heel goed

Diploma stap 2.2: 'Beleef 2.0'

Naam: ______________________________

Jouw handtekening: ______________________________

Handtekening trainer: ______________________________

Bijeenkomst 5:
BASISCOMPETENTIE 3 AANVAARD EN HOU VOL

In deze bijeenkomst zal je de volgende werkbladen nodig hebben:

Werkblad 23: EuREKA-CIRKEL STAP 3 AANVAARD EN HOU VOL
Werkblad 24: AANVAARDEN VAN EEN GEVOEL
Werkblad 25: VOLHOUDEN VAN EEN GEVOEL
Werkblad 26: FUNCTIES VAN GEVOELENS
Werkblad 27: GEVOELENS EN HUN FUNCTIES
Werkblad 28: MIJN VERDRAAGZINNEN
EuREKA-TIME 5

Werkblad 23: EuREKA-cirkel stap 3: 'Aanvaard en hou vol'

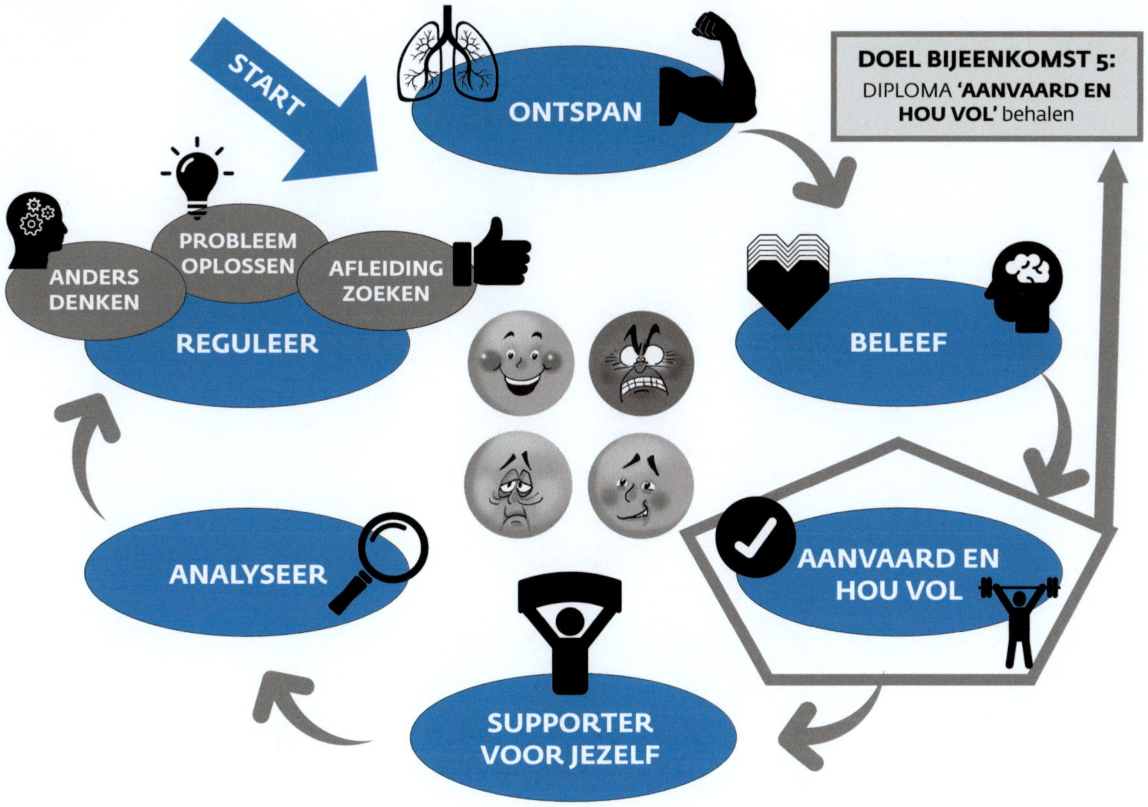

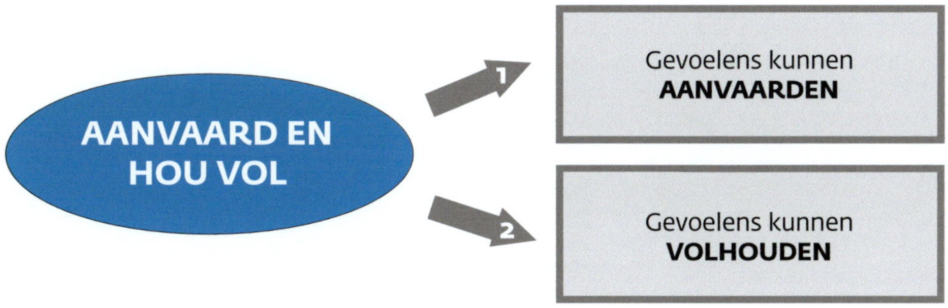

Werkblad 24: Aanvaarden van een gevoel

Aanvaarden wil zeggen dat we **onszelf toestaan** om **een bepaald gevoel** zoals bang, boos of verdrietig, **te voelen**. We kunnen dan tegen onszelf zeggen: **"Hé, het is OKE dat ik mij zo voel"**. Dit wil ook zeggen dat we dat **gevoel mogen tonen**. We mogen bv. tonen aan anderen dat we verdrietig zijn door te huilen. Dit is oké.

Het **aanvaarden** van een minder leuk gevoel is in ons hoofd meestal '**een tweede keuze**' want we willen **minder leuke gevoelens vaak meteen veranderen.** Maar als we proberen om ons **gevoel zomaar "om te toveren"** voor we eerst ons gevoel aanvaard hebben en het ons iets heeft kunnen vertellen, zullen we merken dat we hier niet in zullen slagen. Vaak zullen we ons ook nog eens slecht voelen omdat het ons niet is gelukt om ons beter te voelen. En dus wordt ons **minder leuk gevoel nog sterker**.

Werkblad 25: Volhouden van een gevoel

Naast het aanvaarden van een gevoel, is het nodig dat we het gevoel ook kunnen volhouden. Een gevoel volhouden betekent dat we niet zomaar proberen om ons gevoel heel snel te veranderen of om te toveren.

Het is belangrijk dat we ons gevoel niet te snel veranderen omdat elk gevoel nuttig is, en ons iets wil vertellen. Als ons gevoel de boodschap heeft kunnen overbrengen, en ons heeft kunnen vertellen wat het ons wil vertellen, zal het automatisch minder sterk worden.

Werkblad 26: Functies van gevoelens

Gevoelens hebben een functie! Ze geven ons een **boodschap, een belangrijk signaal!**

Dat is belangrijk om te onthouden als we ons gevoel willen aanvaarden en volhouden: gevoelens hebben een **belangrijke boodschap én blijven niet eeuwig bestaan** en gaan terug over.

We kunnen het zien als **een belletje dat rinkelt doorheen ons lichaam**!

Werkblad 27: Gevoelens en hun functies

GEVOEL	FUNCTIE
BANG 	Je lichaam wordt klaargemaakt om goed op te letten, alles rondom jou op te merken. Het gevoel maakt je klaar voor mogelijk gevaar!
BOOS 	Dit gevoel vertelt je dat iets of iemand je verhindert om je doel te halen. Het gevoel helpt je om aan te geven dat je iets echt niet leuk vindt, en dat je in actie schiet om de situatie te veranderen!
VERDRIET 	Dit gevoel vertelt jou dat de situatie niet is zoals jij wil, dat de situatie jou niet gelukkig maakt!
BLIJ 	Dit gevoel geeft aan dat je tevreden bent met hoe de dingen lopen, dit gevoel geeft je energie!
JALOERS 	Dit gevoel geeft aan dat jij denkt dat iemand anders het beter heeft dan jou!
SCHAAMTE 	Dit gevoel zorgt ervoor dat je de regels volgt, dat je die dingen doet die anderen van jou verwachten!

SCHULD 	Dit gevoel motiveert je om te doen wat goed is!
TELEURSTELLING 	Dit gevoel vertelt je dat je het niet fijn vindt dat je je gewenste doelen niet bereikt hebt, dat je niet bereikt hebt wat je wou bereiken!
FRUSTRATIE 	Dit gevoel vertelt je dat een situatie voor jou niet oké is. Iets is gebeurd, iemand heeft iets gedaan waardoor jij gehinderd wordt!
VERVELING 	Dit gevoel vertelt je dat je iets niet leuk vindt, dat je iets heel saai vindt!
VERLIEFD 	Dit gevoel vertelt je dat je iemand echt heel erg leuk vindt!
DAPPER 	Dit gevoel vertelt jou dat je een situatie aankan, dat je iets durft aangaan!
CHILL 	Dit gevoel vertelt je dat je rustig bent, dat je helemaal zen bent!

Werkblad 28: Mijn verdraagzinnen

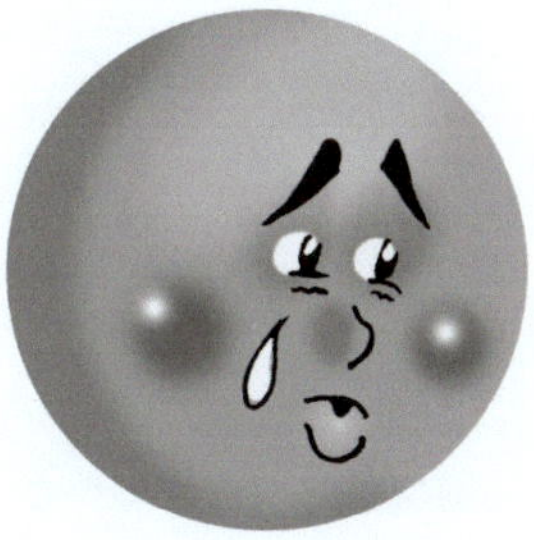

HÉ, HET IS OKÉ DAT IK MIJ ....
VOEL, IK KAN DIT GEVOEL WEL
EVENTJES VOLHOUDEN, WANT DIT
GEVOEL VERTELT MIJ DAT
....

HÉ, HET IS OKÉ DAT IK MIJ ....
VOEL, IK KAN DIT GEVOEL WEL
EVENTJES VOLHOUDEN, WANT DIT
GEVOEL VERTELT MIJ DAT
....

HÉ, HET IS OKÉ DAT IK MIJ ....
VOEL, IK KAN DIT GEVOEL WEL
EVENTJES VOLHOUDEN, WANT DIT
GEVOEL VERTELT MIJ DAT
....

EuREKA-TIME 5

Hoe goed lukte de BUIKADEMHALING? (ONTSPAN)

Helemaal niet goed — Heel goed

Hoe goed lukte de SPIERONTSPANNING? (ONTSPAN)

Helemaal niet goed — Heel goed

Hoe goed lukte het om aandacht te geven aan je gevoelens? (BELEEF)

Helemaal niet goed — Heel goed

Hoe goed lukte het om je gevoelens te beleven zonder het te beoordelen als goed of slecht? (BELEEF)

Helemaal niet goed — Heel goed

Hoe goed lukte het om je gevoelens te aanvaarden? (AANVAARD EN HOU VOL)

Helemaal niet goed — Heel goed

Hoe goed lukte het om je gevoelens vol te houden? (AANVAARD EN HOU VOL)

Helemaal niet goed — Heel goed

Diploma stap 3:
'Aanvaard en hou vol'

AANVAARD &
HOU VOL

Naam: ______________________________

Jouw handtekening: ______________________________

Handtekening trainer: ______________________________

Bijeenkomst 6: BASISCOMPETENTIE 4 SUPPORTER VOOR JEZELF 1.0

In deze bijeenkomst zal je de volgende werkbladen nodig hebben:

Werkblad 29: EuREKA-CIRKEL STAP 4.1 SUPPORTER VOOR JEZELF 1.0
Werkblad 30: IK BEN TROTS OP WAT IK DOE
Werkblad 31: IK BEN TROTS OP WIE IK BEN
Werkblad 32: ANDEREN ZIJN TROTS OP MIJ OMDAT...
Werkblad 33: IK GEEF MEZELF COMPLIMENTEN-PLAN
Werkblad 34: VOOR MIJN LICHAAM ZORGEN
Werkblad 35: LEUKE ACTIVITEITEN
Werkblad 36: OPKIKKERTJES
EuREKA-TIME 6

Werkblad 29:
EuREKA-cirkel stap 4.1:
'Supporter voor jezelf 1.0'

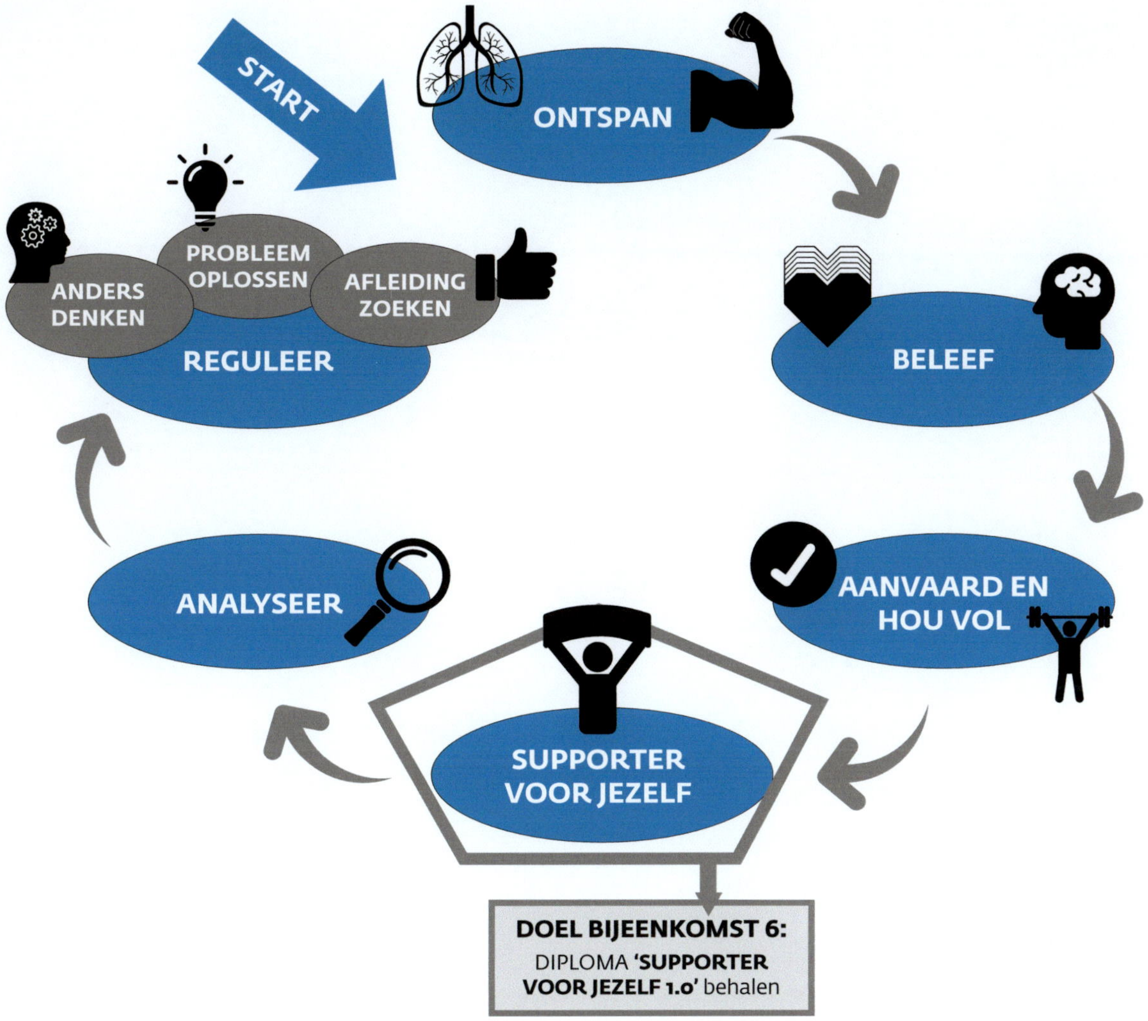

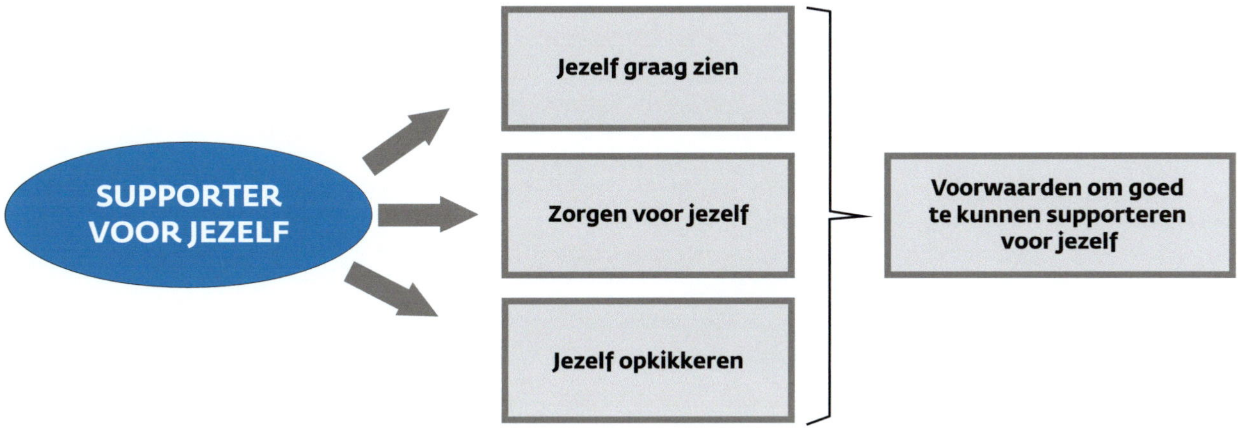

Werkblad 30:
Ik ben trots op wat ik doe

I Like Me!

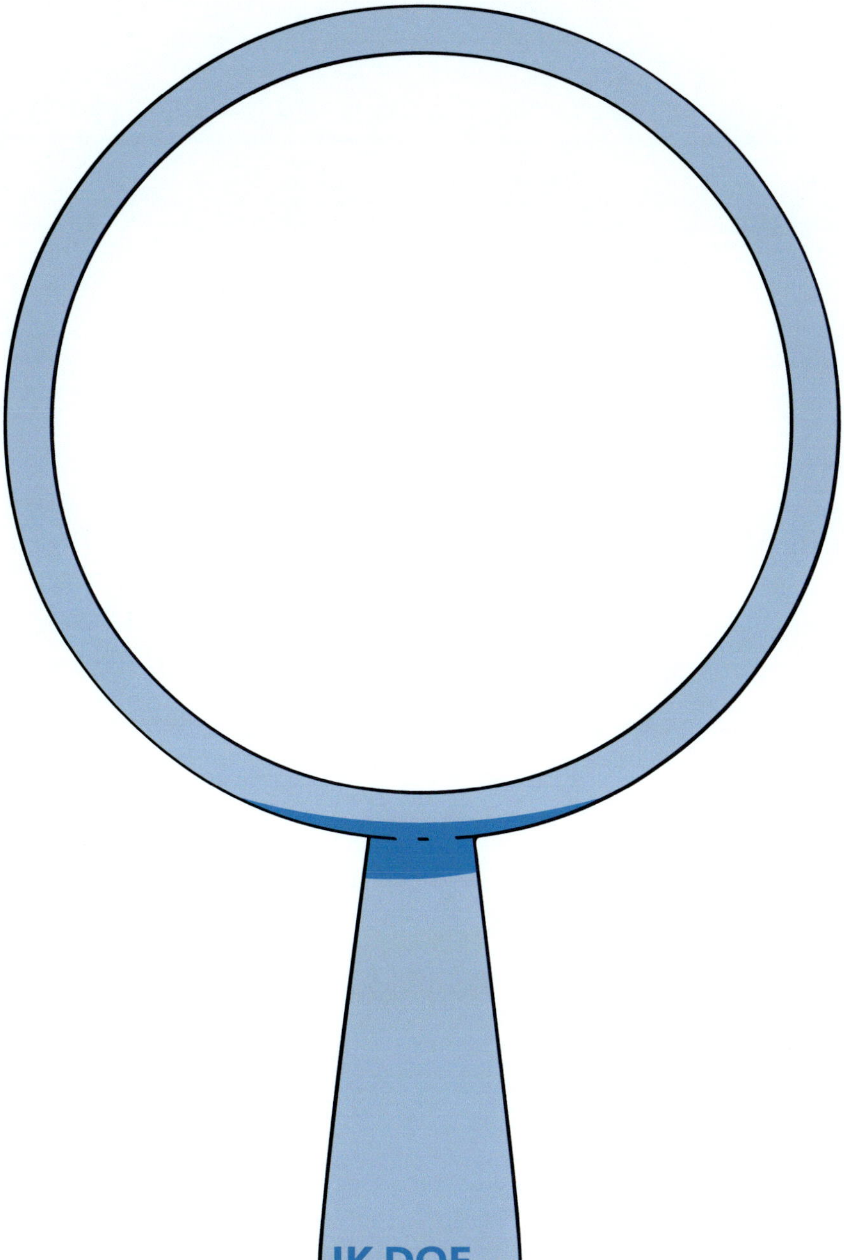

Werkblad 31:
Ik ben trots op wie ik ben

I Like Me!

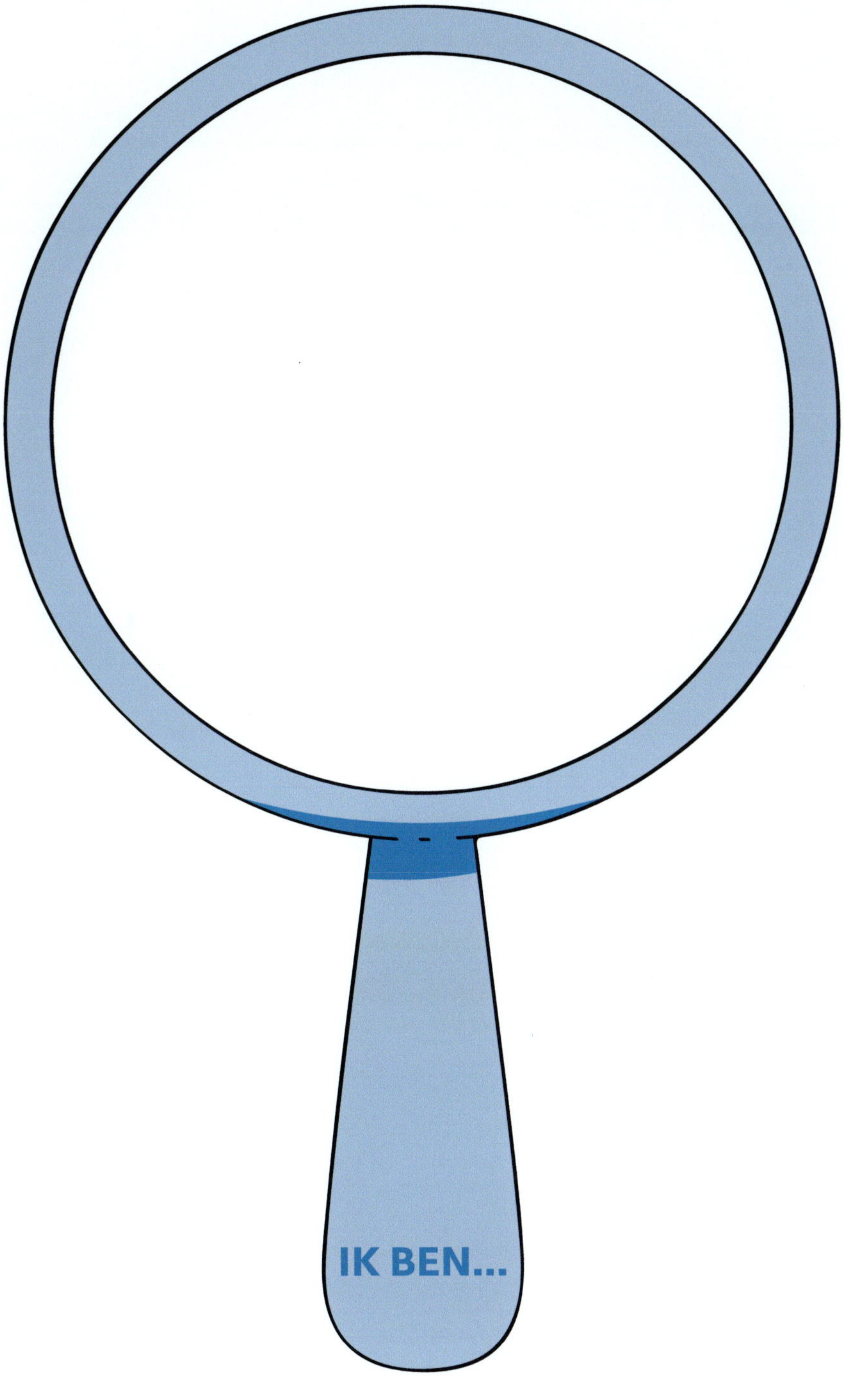

Werkblad 32:
Anderen zijn trots op mij omdat...

I Like Me!

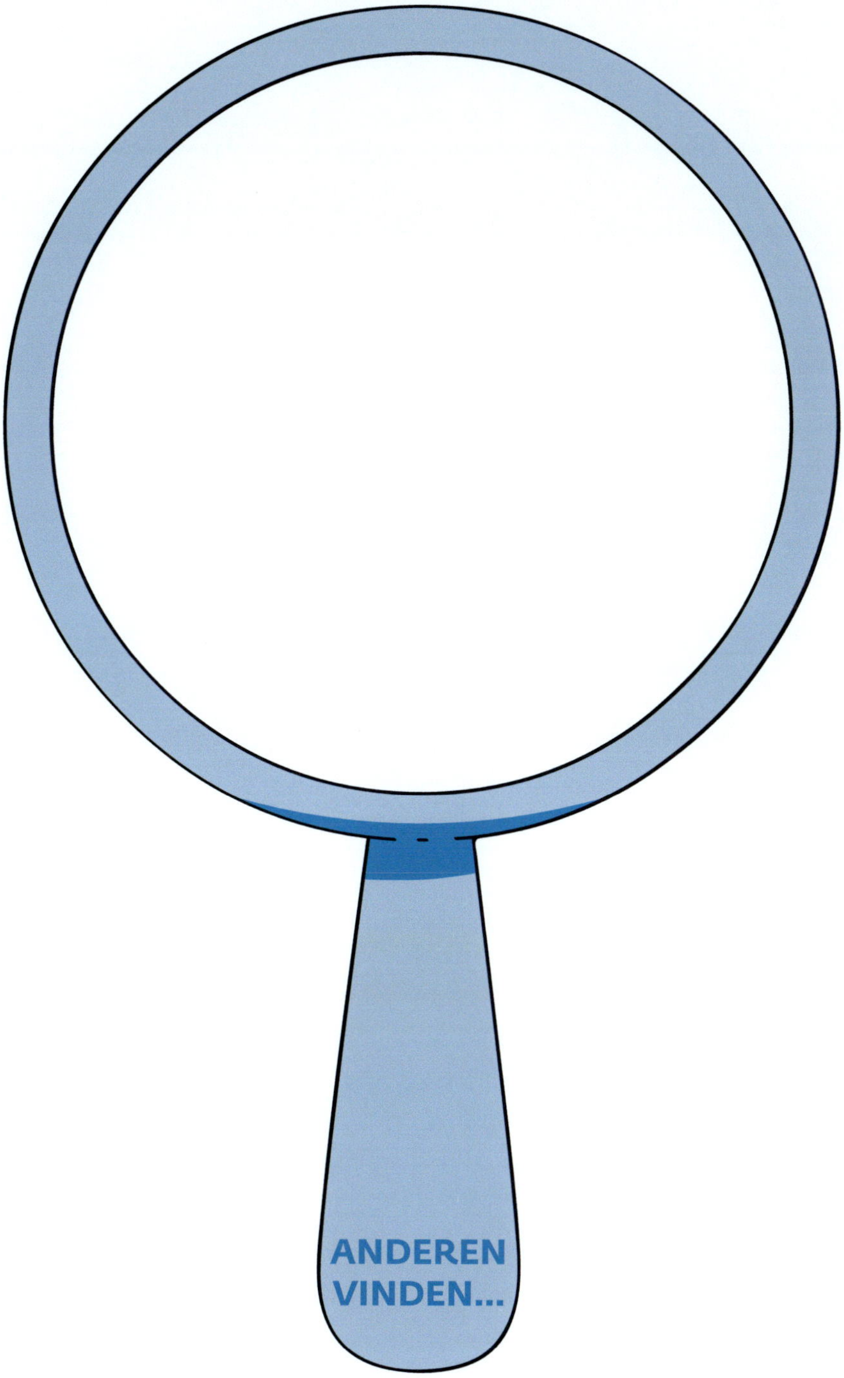

Werkblad 33:
'Ik geef mezelf complimenten-plan'

Wat?

Wanneer?

Waar?

Wat als het niet lukt?

Werkblad 34: Voor mijn lichaam zorgen

Hoe kan ik voor mezelf zorgen in het dagelijkse leven? Hoe doe ik dit voor de drie onderstaande *basisbehoeftes*?

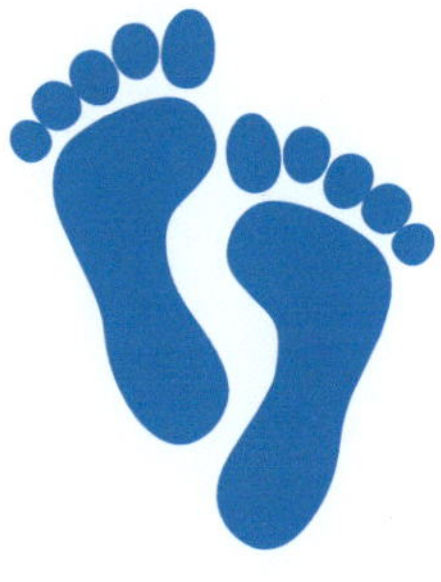

Werkblad 35: Leuke activiteiten

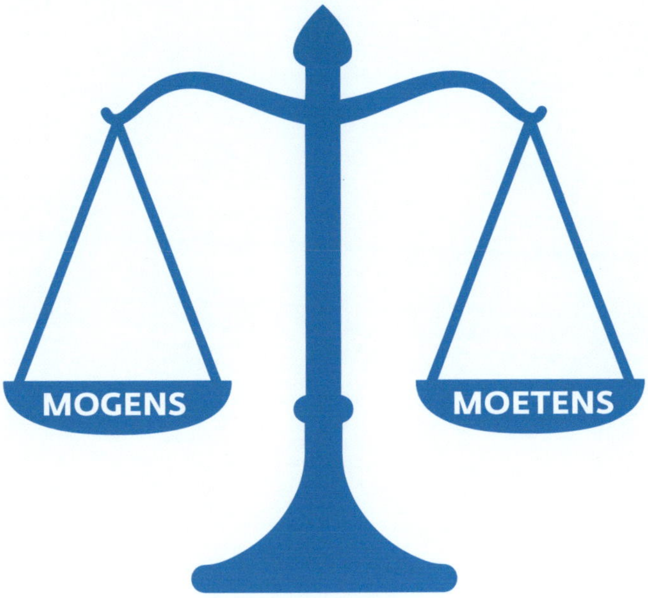

Voor onszelf zorgen = BELANGRIJK

In ons dagelijks leven zijn er heel veel **'moetens'**
- Dingen die we moeten doen en **niet altijd leuk** zijn
- Bijvoorbeeld: naar school gaan, huiswerk maken of huishoudelijke taakjes doen

In ons dagelijkse leven zijn er ook **'mogens'**
- Leuke dingen die we mogen doen en **graag doen**
- Bijvoorbeeld: hobby's en vrije tijd

Belangrijk dat **'moetens' en 'mogens' in balans** zijn met elkaar. Want dan zorgen de 'mogens' ervoor dat we de 'moetens' kunnen doen en volhouden!

Werkblad 36: Opkikkertjes

EuREKA-TIME 6

Hoe goed lukte de BUIKADEMHALING en SPIERONTSPANNING? (ONTSPAN)

Helemaal niet goed — Heel goed

Hoe goed lukte het om je gevoelens te beleven zonder het te beoordelen als goed of slecht? (BELEEF)

Helemaal niet goed — Heel goed

Hoe goed lukte het om je gevoelens te aanvaarden? (AANVAARD EN HOU VOL)

Helemaal niet goed — Heel goed

Hoe goed lukte het om je gevoelens vol te houden? (AANVAARD EN HOU VOL)

Helemaal niet goed — Heel goed

Noteer in de spiegel waarover je trots was op jezelf deze week, en noteer eronder wat je gezegd hebt tegen jezelf, wanneer dit precies was en waar je dit deed!

I Like Me!

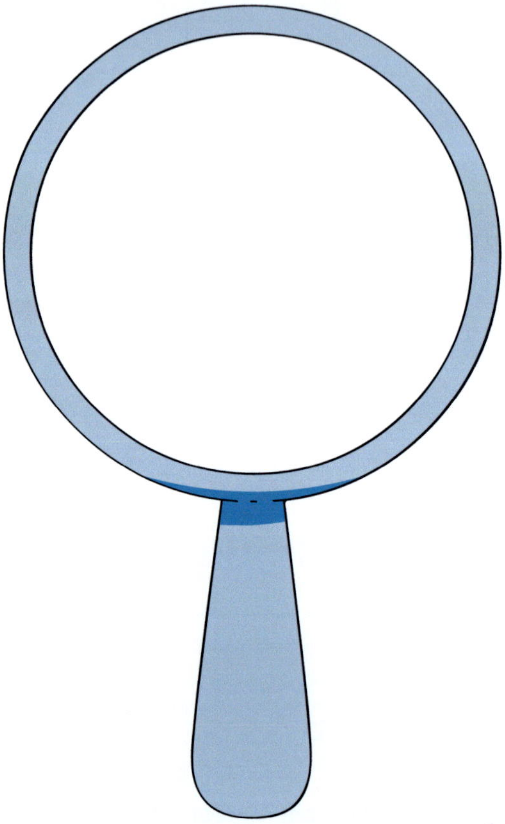

Wat?

Wanneer?

Waar?

EuREKA-TIME 6

Hoe goed lukte de BUIKADEMHALING en SPIERONTSPANNING? (ONTSPAN)

Helemaal niet goed ———————————————— Heel goed

Hoe goed lukte het om je gevoelens te beleven zonder het te beoordelen als goed of slecht? (BELEEF)

Helemaal niet goed ———————————————— Heel goed

Hoe goed lukte het om je gevoelens te aanvaarden? (AANVAARD EN HOU VOL)

Helemaal niet goed ———————————————— Heel goed

Hoe goed lukte het om je gevoelens vol te houden? (AANVAARD EN HOU VOL)

Helemaal niet goed ———————————————— Heel goed

Noteer in de spiegel waarover je trots was op jezelf deze week, en noteer eronder wat je gezegd hebt tegen jezelf, wanneer dit precies was en waar je dit deed!

I Like Me!

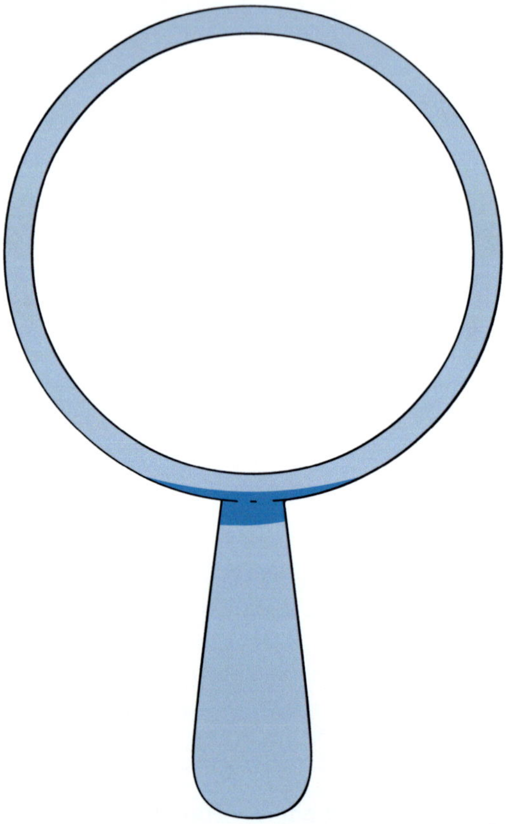

Wat?

____
____
____
____

Wanneer?

____
____
____
____

Waar?

____
____
____
____

Hoe heb je deze week voor jezelf gezorgd?

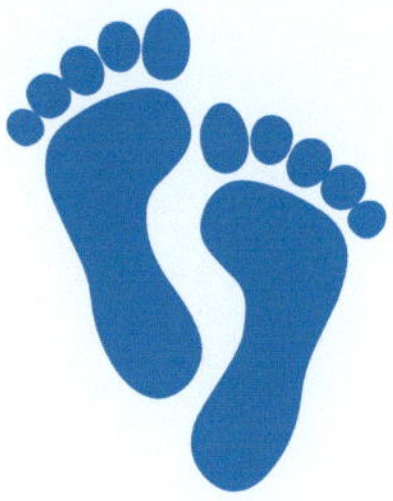

Welke leuke activiteiten heb je gedaan deze week?

Heb je jezelf opgekikkerd deze week? Hoe heb je dat gedaan?

Diploma stap 4.1:
'Supporter voor jezelf 1.0'

SUPPORTER VOOR JEZELF 1.0

Naam: ______________________________

Jouw handtekening: ______________________________

Handtekening trainer: ______________________________

Bijeenkomst 7:
BASISCOMPETENTIE 4
SUPPORTER VOOR JEZELF 2.0

In deze bijeenkomst zal je de volgende werkbladen nodig hebben:

Werkblad 37: EuREKA-CIRKEL STAP 4.2 SUPPORTER VOOR JEZELF 2.0
Werkblad 38: SUPPORTER VOOR JEZELF
Werkblad 39: OEFENEN MET SUPPORTER VOOR JEZELF
EuREKA-TIME 7

Werkblad 37: EuREKA-cirkel stap 4.2: 'Supporter voor jezelf 2.0'

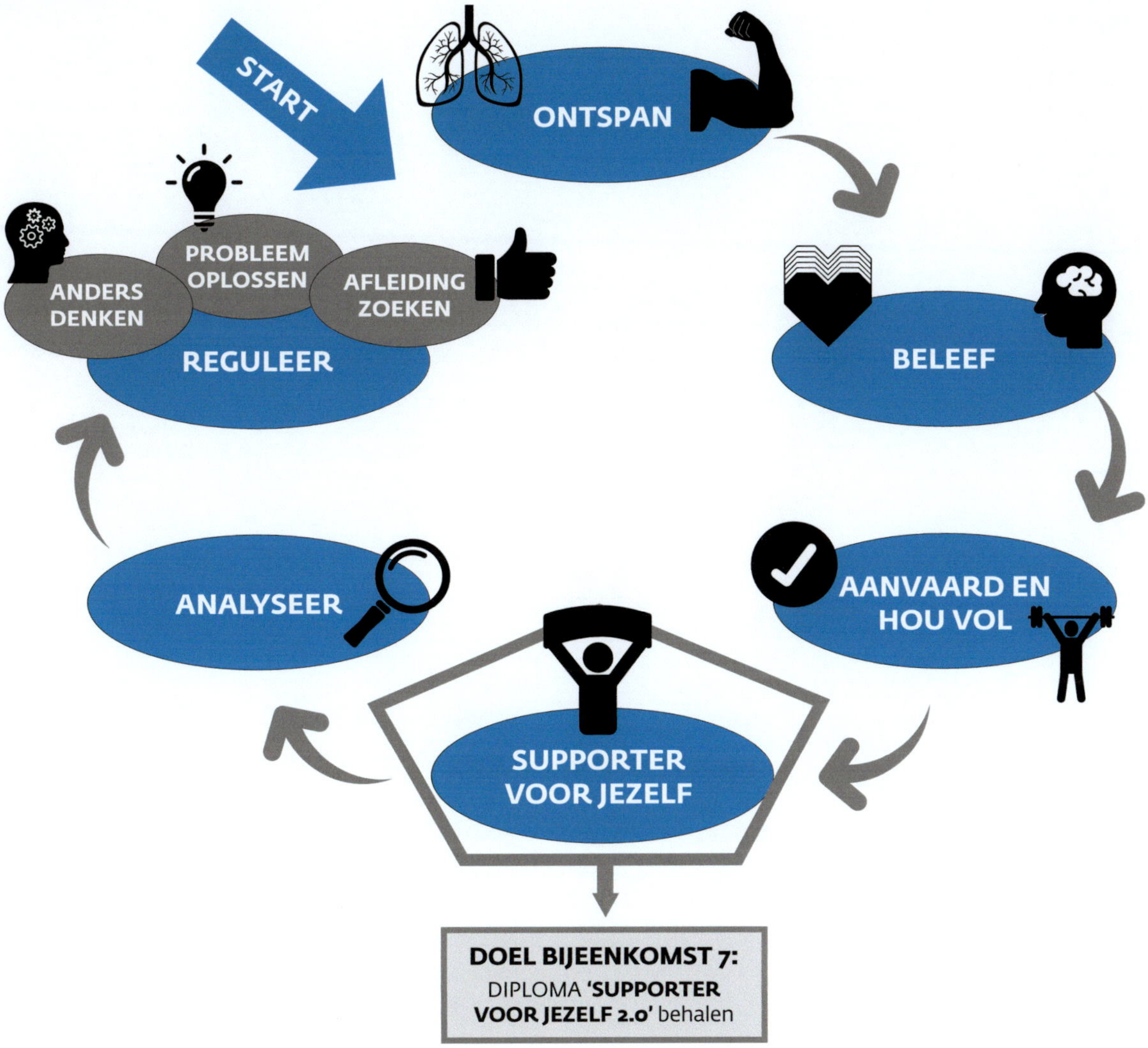

Werkblad 38: Supporter voor jezelf

Bij **stress en minder leuke gevoelens = jezelf soms beledigen, uitschelden of beschuldigen**. Dan worden jouw **minder leuke gevoelens nog sterker**!

Supporteren voor jezelf in moeilijke situaties = **BELANGRIJK**

1. **Jezelf graag zien**
2. **Goed zorgen voor jezelf**
3. **Jezelf opkikkeren**

Werkblad 39: Oefenen met supporter voor jezelf

In deze oefening kwamen verschillende zaken aan bod, deze staan hieronder nog eens opgesomd. Noteer bij elk aspect kort hoe dit voor jou ging. Wat vond je gemakkelijk/moeilijk? Waarom?

Kijken naar jezelf

Meeleven met jezelf

Jezelf bemoedigend toespreken/opkikkeren

EuREKA-TIME 7

Hoe goed lukte de BUIKADEMHALING en SPIERONTSPANNING? (ONTSPAN)

Helemaal niet goed — Heel goed

Hoe goed lukte het om je gevoelens te beleven zonder het te beoordelen als goed of slecht? (BELEEF)

Helemaal niet goed — Heel goed

Hoe goed lukte het om je gevoelens te aanvaarden en vol te houden? (AANVAARD EN HOU VOL)

Helemaal niet goed — Heel goed

Hoe goed lukte het om hierbij jezelf van buitenaf te bekijken? (SUPPORTER VOOR JEZELF)

Helemaal niet goed — Heel goed

Hoe goed lukte het om jezelf hierbij moed in te spreken en op te kikkeren? (SUPPORTER VOOR JEZELF)

Helemaal niet goed — Heel goed

Diploma stap 4.2:
'Supporter voor jezelf 2.0'

SUPPORTER VOOR JEZELF 2.0

Naam: ______________________________

Jouw handtekening: ______________________________

Handtekening trainer: ______________________________

Bijeenkomst 8: BASISCOMPETENTIE 5 ANALYSEER

In deze bijeenkomst zal je de volgende werkbladen nodig hebben:

Werkblad 40: EuREKA-CIRKEL STAP 5 ANALYSEER
Werkblad 41: DE 5's VAN HET ANALYSESCHEMA
Werkblad 42: ANALYSEREN VAN EEN MINDER LEUK GEVOEL
EuREKA-TIME 8

Werkblad 40: EuREKA-cirkel stap 5: 'Analyseer'

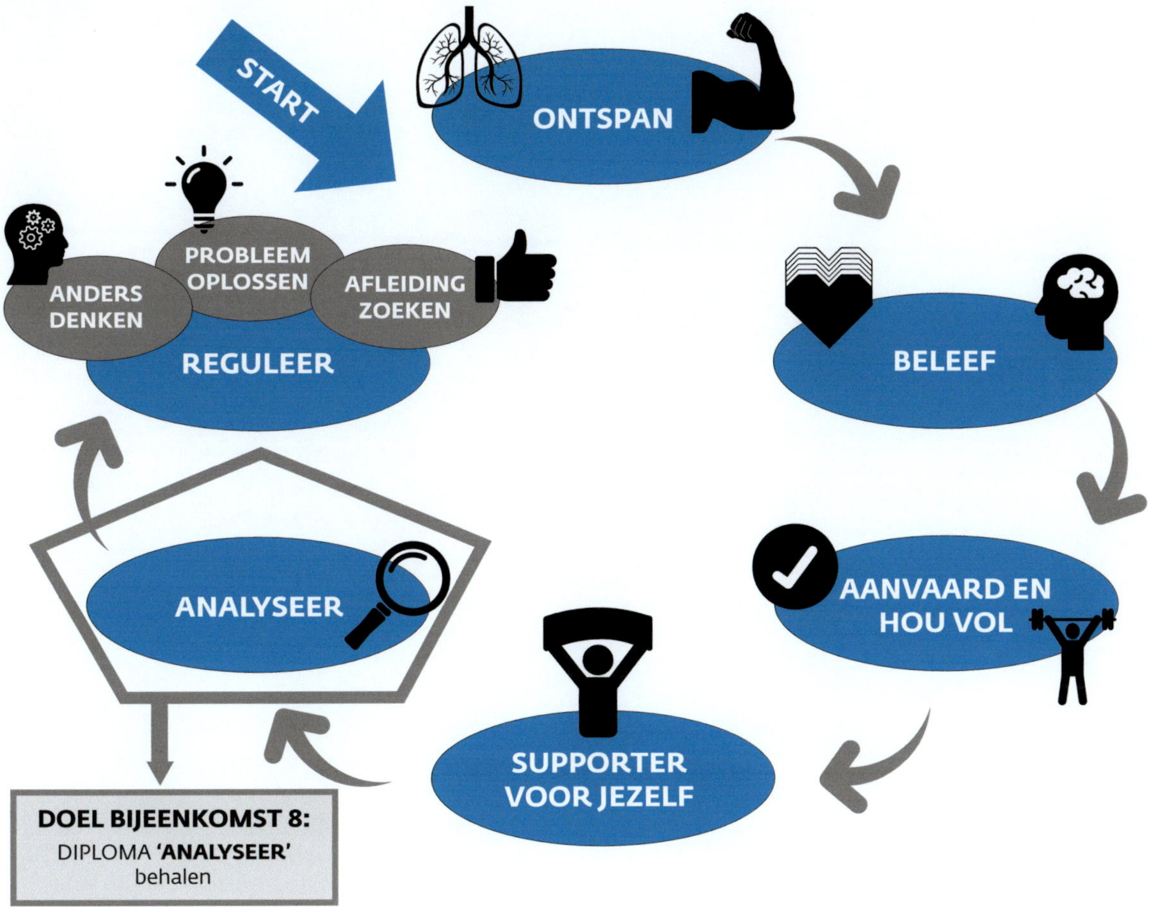

Werkblad 41: De 5 G's van het analyseschema

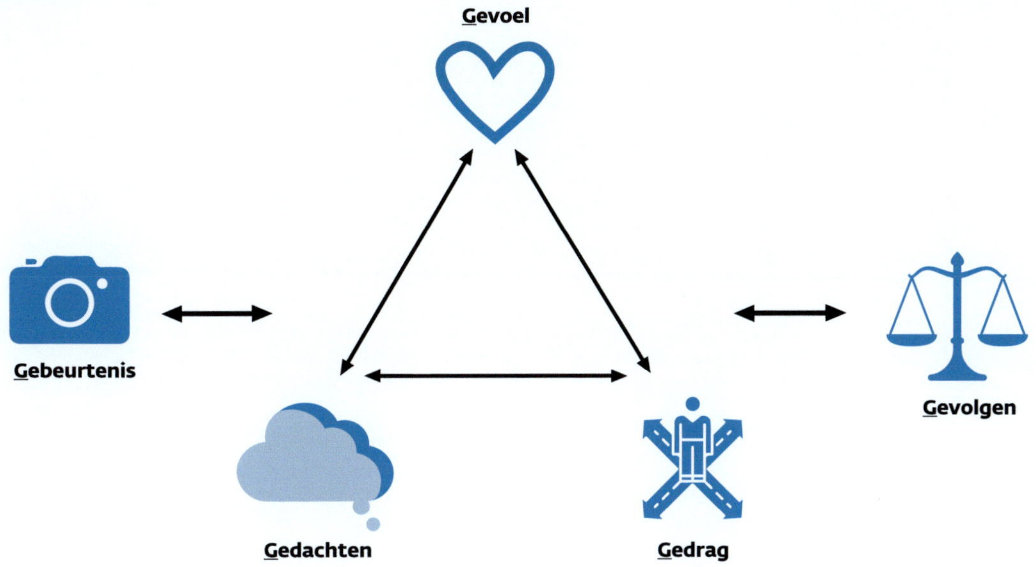

Ons gevoel begrijpen = zoals een echte detective het gevoel analyseren met 'de 5 G's'. De 5 G's staan allemaal in verbinding met elkaar!

1. Welk **GEVOEL** had je?
2. Wat was de **GEBEURTENIS**?
   - Probeer dit uit te leggen net zoals een camera dit gefilmd zou hebben
3. Wat waren je **GEDACHTEN** op dat moment?
   - Gedachten = in je hoofd, andere mensen kunnen niet zien wat je denkt
   - Gedachten = kunnen zomaar in je opkomen en daarna zomaar weer verdwijnen
   - Gedachten = iets van jezelf, gedachten zijn niet altijd waar/correct
4. Wat was je **GEDRAG**?
   - Wat heb je gedaan? Welke reactie had je?
5. Wat waren de **GEVOLGEN** van dit gedrag?
   - Wat gebeurde er vlak na? Op korte termijn?
   - Wat gebeurde nadien? Op lange termijn?

Gebeurtenis: "Je hoort een geluid en je wordt wakker"

- Je **gedachte** kan zijn: "Het is een inbreker", je zal een bang **gevoel** hebben en je **gedrag** zal zijn dat je je gaat verstoppen, het **gevolg** is dat je 's ochtends heel moe bent
- Je **gedachte** kan zijn: "Het is de kat", je zal een rustig **gevoel** hebben en je **gedrag** zal zijn dat je verder gaat slapen, het **gevolg** is dat je uitgerust wakker wordt

Werkblad 42: Analyseren van een minder leuk gevoel

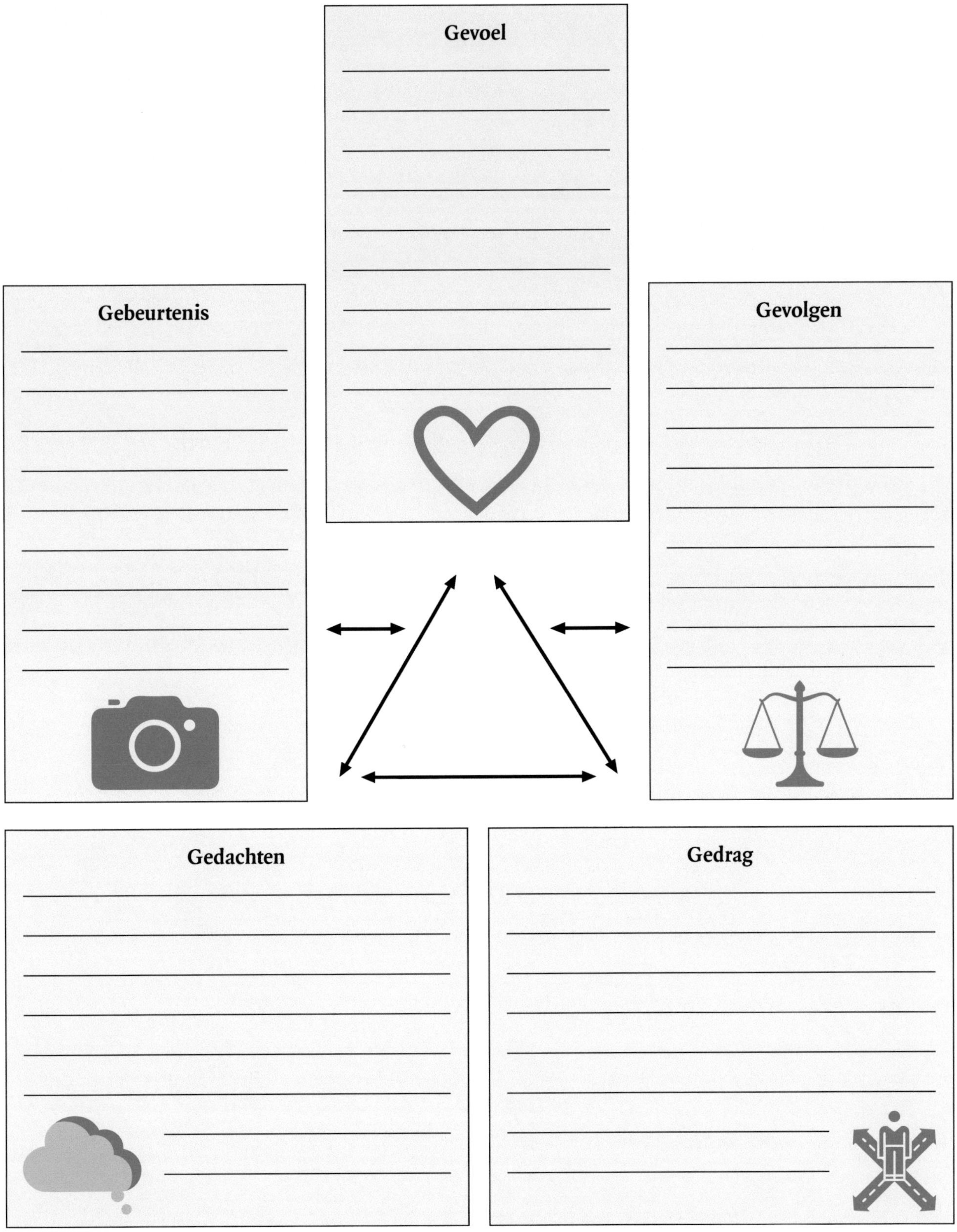

EuREKA-TIME 8

Hoe goed lukte de BUIKADEMHALING en SPIERONTSPANNING? (ONTSPAN)

Helemaal niet goed — Heel goed

Hoe goed lukte het om je gevoelens te beleven zonder het te beoordelen als goed of slecht? (BELEEF)

Helemaal niet goed — Heel goed

Hoe goed lukte het om je gevoelens te aanvaarden en vol te houden? (AANVAARD EN HOU VOL)

Helemaal niet goed — Heel goed

Hoe goed lukte het om hierbij jezelf van buitenaf te bekijken? (SUPPORTER VOOR JEZELF)

Helemaal niet goed — Heel goed

Hoe goed lukte het om jezelf hierbij moed in te spreken en op te kikkeren? (SUPPORTER VOOR JEZELF)

Helemaal niet goed — Heel goed

Hoe goed lukte het om je gevoel te analyseren met de 5 G's? (ANALYSEER)

Helemaal niet goed — Heel goed

Diploma stap 5: 'Analyseer'

ANALYSEER

Naam: ______________________________

Jouw handtekening: ______________________________

Handtekening trainer: ______________________________

Bijeenkomst 9: BASISCOMPETENTIE 6 REGULEER AFLEIDING ZOEKEN

In deze bijeenkomst zal je de volgende werkbladen nodig hebben:

Werkblad 43: EuREKA-CIRKEL STAP 6.1 AFLEIDING ZOEKEN
Werkblad 44: FORMULEREN VAN DOELGEVOELENS
Werkblad 45: DOELGEVOEL EN REGULATIESTRATEGIEËN
Werkblad 46: AFLEIDING ZOEKEN
Werkblad 47: MIJN ACTIVITEITEN
Werkblad 48: HOE VOEL IK MIJ NU (1)
Werkblad 49: HOE VOEL IK MIJ NU (2)
Werkblad 50: MIJN GEKOZEN ACTIVITEIT
Werkblad 51: HOE VOEL IK MIJ NU (3)
EuREKA-TIME 9

Werkblad 43: EuREKA-cirkel stap 6.1: 'Afleiding zoeken'

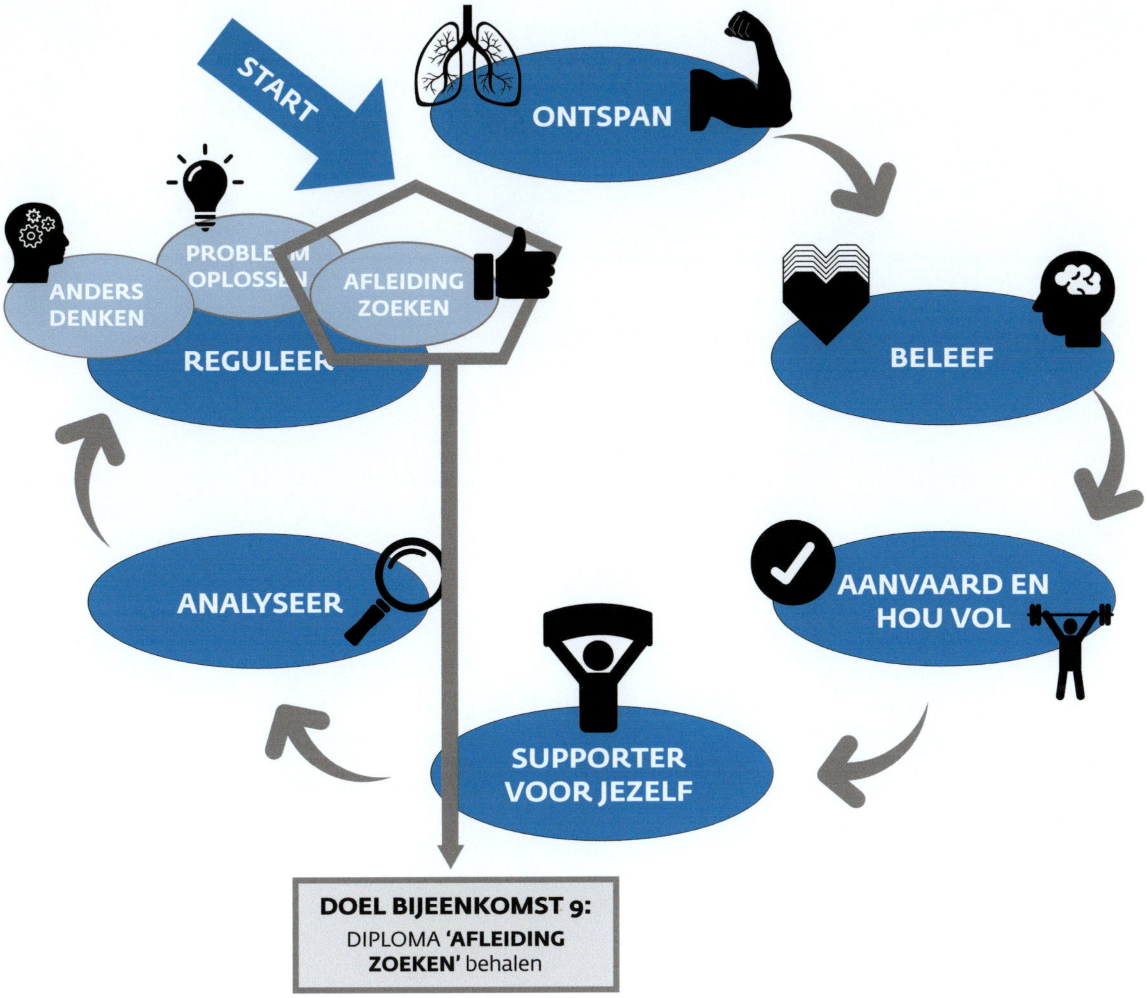

Werkblad 44: Formuleren van doelgevoelens

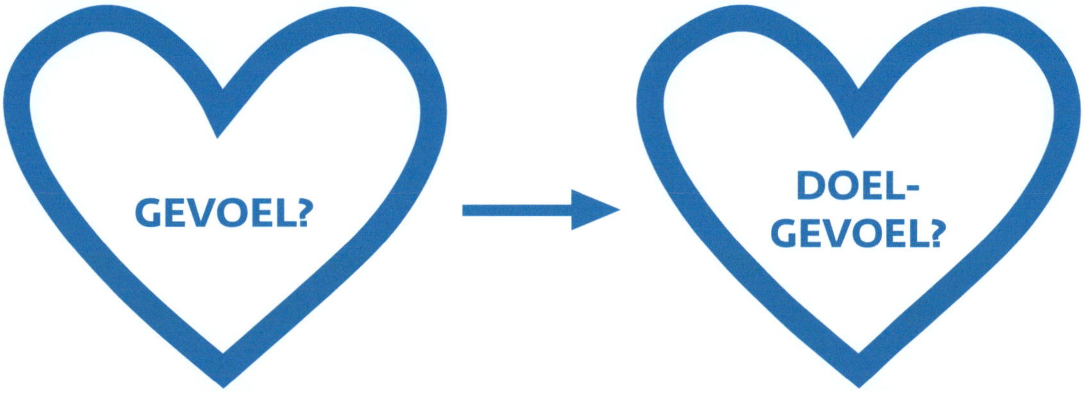

Werkblad 45: Doelgevoel en regulatiestrategieën

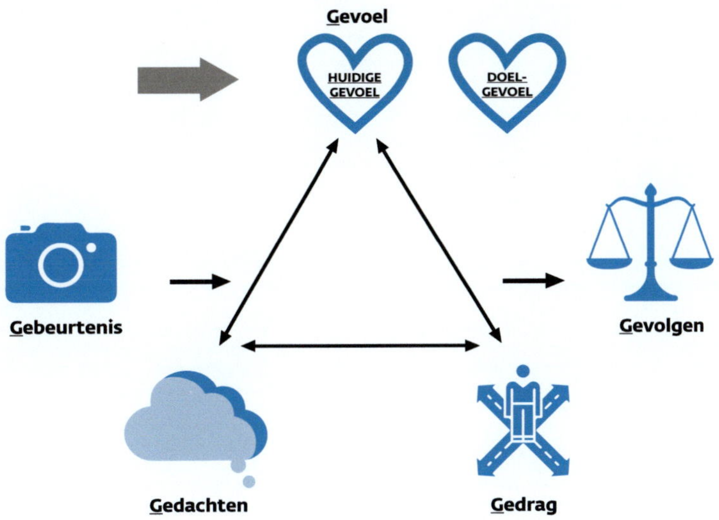

We kunnen een gevoel veranderen of beïnvloeden! Eerst is het belangrijk dat je bepaalt hoe je je zou willen voelen: wat is je **doelgevoel**?

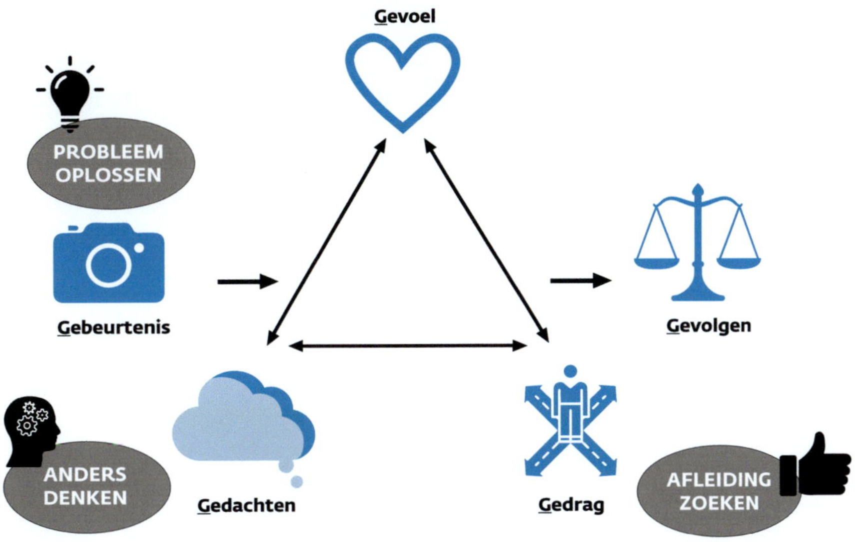

Nadien zijn er verschillende mogelijkheden om je huidige gevoel te veranderen of beïnvloeden naar je doelgevoel

1. **PROBLEEM OPLOSSEN**
   - Hierbij kan je de situatie/gebeurtenis veranderen zodat je je doelgevoel kan activeren
2. **ANDERS DENKEN**
   - Hierbij kan je anders denken over de situatie/gebeurtenis zodat je je doelgevoel kan activeren
3. **AFLEIDING ZOEKEN**
   - Hierbij kan je bepaalde leuke dingen doen waardoor je je doelgevoel kan activeren

Werkblad 46: Afleiding zoeken

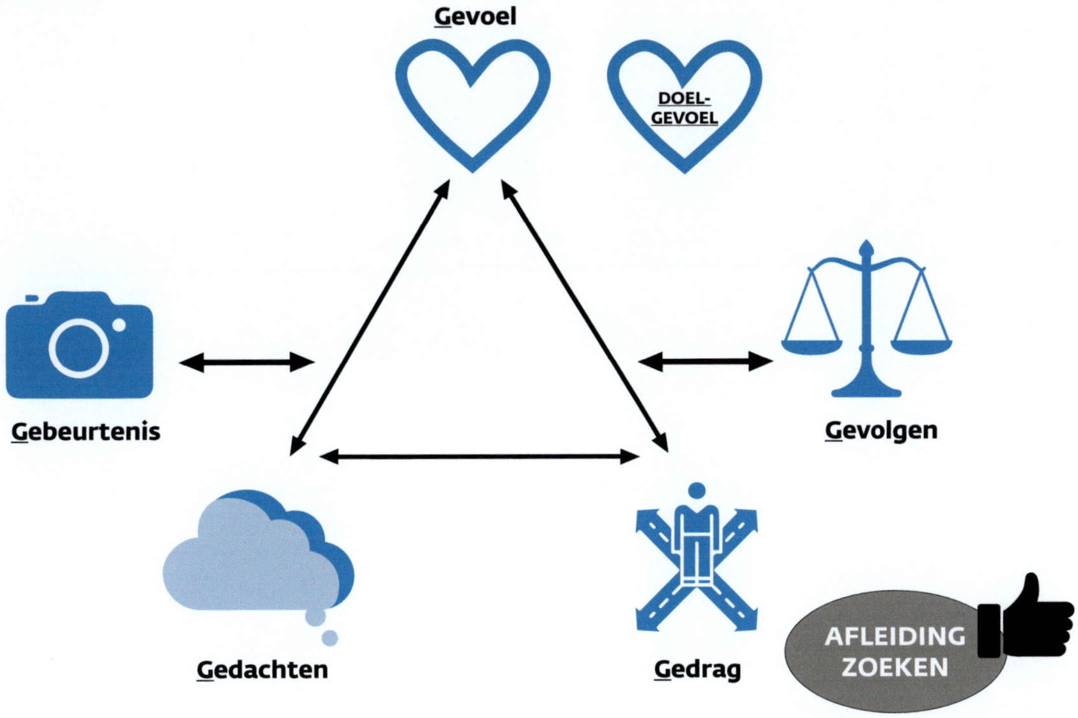

Je **gevoelens** kan je **niet zomaar veranderen**, maar je kan wel **iets doen** (gedrag) om jezelf van je minder leuk gevoel af te leiden. Dat heet **afleiding zoeken.** Wanneer je afleiding zoekt, ga je op zoek naar een leuke activiteit, maar niet elke leuke activiteit is een goede activiteit...

Een activiteit is een goede activiteit om jezelf af te leiden als...

- **Je de activiteit graag doet.**
- **Je de activiteit mag en kan uitvoeren.**
- **De activiteit voldoende focus vraagt.**
- **De activiteit gezond is.**

Werkblad 47: Mijn activiteiten

Mijn activiteit om mezelf af te leiden is...

____

____

____

____

? **Doe ik de activiteit graag?** ✓ ✗

? **Mag en kan ik de activiteit uitvoeren?** ✓ ✗

? **Vraagt de activiteit voldoende focus?** ✓ ✗

? **Is de activiteit gezond?** ✓ ✗

Mijn activiteit om mezelf af te leiden is...

____

____

____

____

? **Doe ik de activiteit graag?** ✓ ✗

? **Mag en kan ik de activiteit uitvoeren?** ✓ ✗

? **Vraagt de activiteit voldoende focus?** ✓ ✗

? **Is de activiteit gezond?** ✓ ✗

Mijn activiteit om mezelf af te leiden is...

____

____

____

____

- ? Doe ik de activiteit graag? ✓ ✗
- ? Mag en kan ik de activiteit uitvoeren? ✓ ✗
- ? Vraagt de activiteit voldoende focus? ✓ ✗
- ? Is de activiteit gezond? ✓ ✗

Mijn activiteit om mezelf af te leiden is...

____

____

____

____

- ? Doe ik de activiteit graag? ✓ ✗
- ? Mag en kan ik de activiteit uitvoeren? ✓ ✗
- ? Vraagt de activiteit voldoende focus? ✓ ✗
- ? Is de activiteit gezond? ✓ ✗

Mijn activiteit om mezelf af te leiden is...

____

____

____

____

?	Doe ik de activiteit graag?	✓	✗
?	Mag en kan ik de activiteit uitvoeren?	✓	✗
?	Vraagt de activiteit voldoende focus?	✓	✗
?	Is de activiteit gezond?	✓	✗

Mijn activiteit om mezelf af te leiden is...

____

____

____

____

?	Doe ik de activiteit graag?	✓	✗
?	Mag en kan ik de activiteit uitvoeren?	✓	✗
?	Vraagt de activiteit voldoende focus?	✓	✗
?	Is de activiteit gezond?	✓	✗

Mijn activiteit om mezelf af te leiden is...

____

____

____

____

?	**Doe ik de activiteit graag?**	✓	✗
?	**Mag en kan ik de activiteit uitvoeren?**	✓	✗
?	**Vraagt de activiteit voldoende focus?**	✓	✗
?	**Is de activiteit gezond?**	✓	✗

Mijn activiteit om mezelf af te leiden is...

____

____

____

____

?	**Doe ik de activiteit graag?**	✓	✗
?	**Mag en kan ik de activiteit uitvoeren?**	✓	✗
?	**Vraagt de activiteit voldoende focus?**	✓	✗
?	**Is de activiteit gezond?**	✓	✗

Werkblad 48:
Hoe voel ik mij nu (1)?

Heel erg

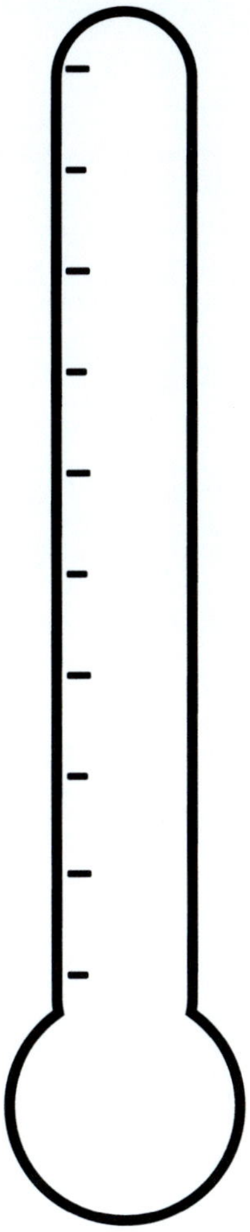

Helemaal niet

Werkblad 49:
Hoe voel ik mij nu (2)?

Heel erg

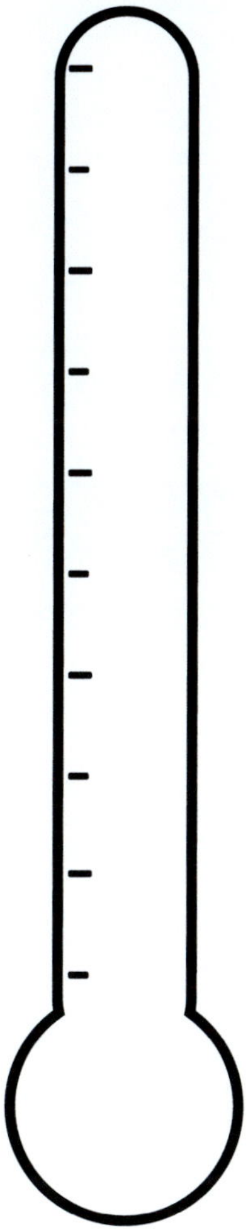

Helemaal niet

Werkblad 50: Mijn gekozen activiteit

Mijn activiteit om mezelf af te leiden na dit filmpje is...

? **Doe ik de activiteit graag?** ✓ ✗

? **Mag en kan ik de activiteit uitvoeren?** ✓ ✗

? **Vraagt de activiteit voldoende focus?** ✓ ✗

? **Is de activiteit gezond?** ✓ ✗

Hoe was het om deze activiteit uit te voeren? Wat liep goed? Wat liep niet goed?

Werkblad 51: Hoe voel ik mij nu (3)?

Heel erg

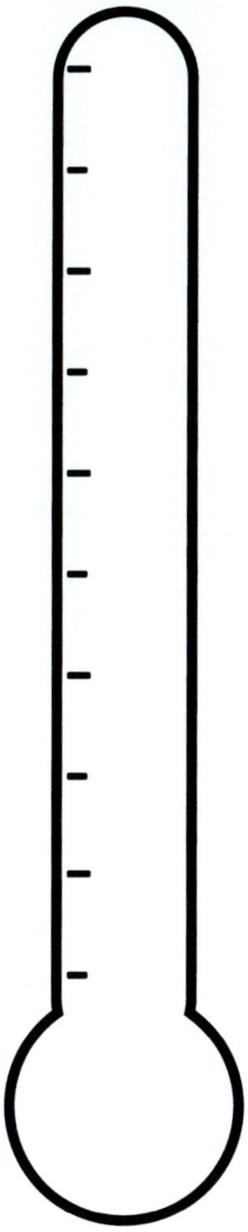

Helemaal niet

EuREKA-TIME 9

Hoe goed lukte de BUIKADEMHALING en SPIERONTSPANNING? (ONTSPAN)

Helemaal niet goed — Heel goed

Hoe goed lukte het om je gevoelens te beleven zonder het te beoordelen als goed of slecht? (BELEEF)

Helemaal niet goed — Heel goed

Hoe goed lukte het om je gevoelens te aanvaarden en vol te houden? (AANVAARD EN HOU VOL)

Helemaal niet goed — Heel goed

Hoe goed lukte het om jezelf hierbij moed in te spreken en op te kikkeren? (SUPPORTER VOOR JEZELF)

Helemaal niet goed — Heel goed

Hoe goed lukte het om je gevoel te analyseren met de 5 G's? (ANALYSEER)

Helemaal niet goed — Heel goed

Hoe goed lukte het om een activiteit te vinden om jezelf af te leiden? (REGULEER - AFLEIDING ZOEKEN)

Helemaal niet goed — Heel goed

Diploma stap 6.1: 'Afleiding zoeken'

AFLEIDING ZOEKEN

Naam: ______________________________

Jouw handtekening: ______________________________

Handtekening trainer: ______________________________

Bijeenkomst 10: BASISCOMPETENTIE 6 REGULEER ANDERS DENKEN

In deze bijeenkomst zal je de volgende werkbladen nodig hebben:

Werkblad 52: EuREKA-CIRKEL STAP 6.2 ANDERS DENKEN
Werkblad 53: ANDERS DENKEN
Werkblad 54: GEDACHTEN VANGEN
Werkblad 55: HELPENDE GEDACHTE FORMULEREN
EuREKA-TIME 10

Werkblad 52: EuREKA-cirkel stap 6.2: 'Anders denken'

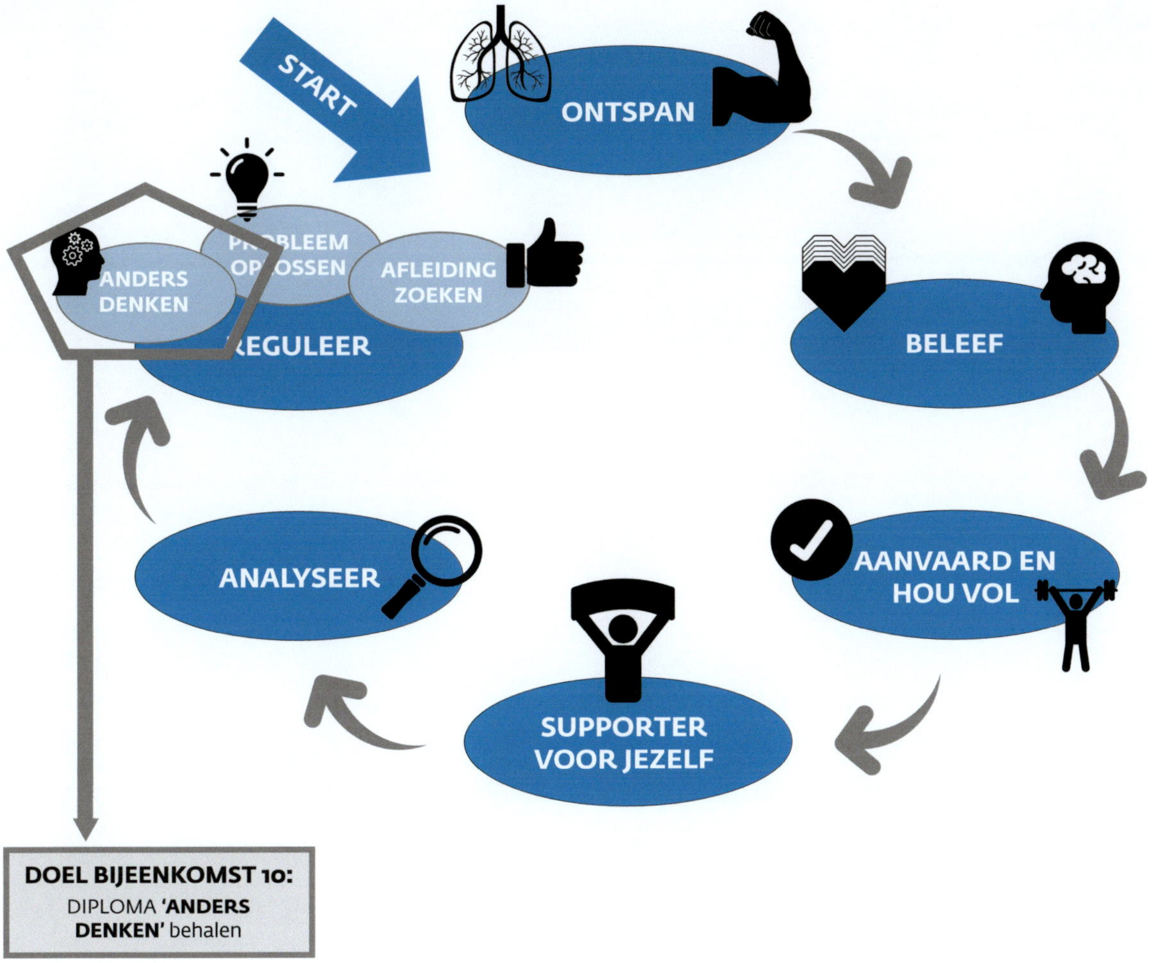

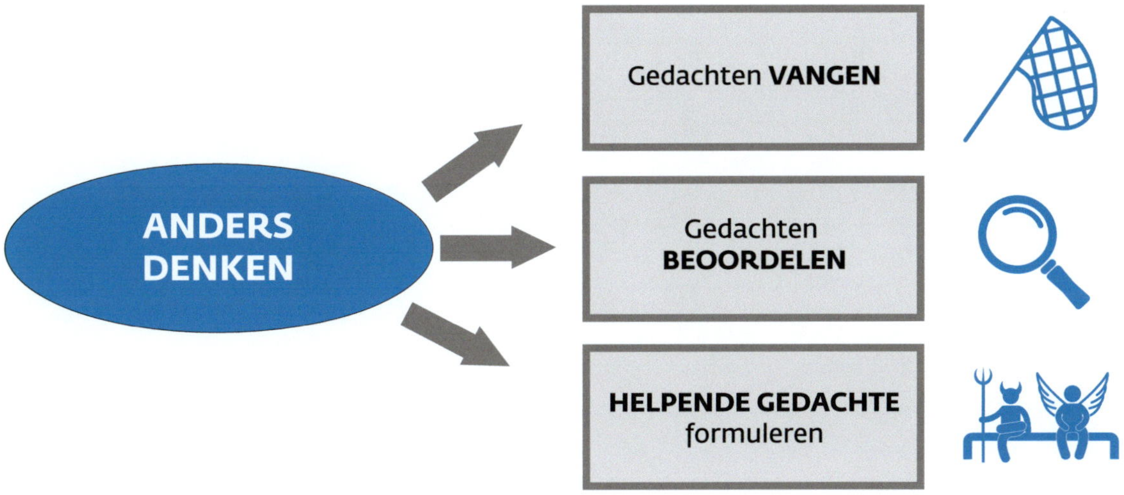

Werkblad 53: Anders denken

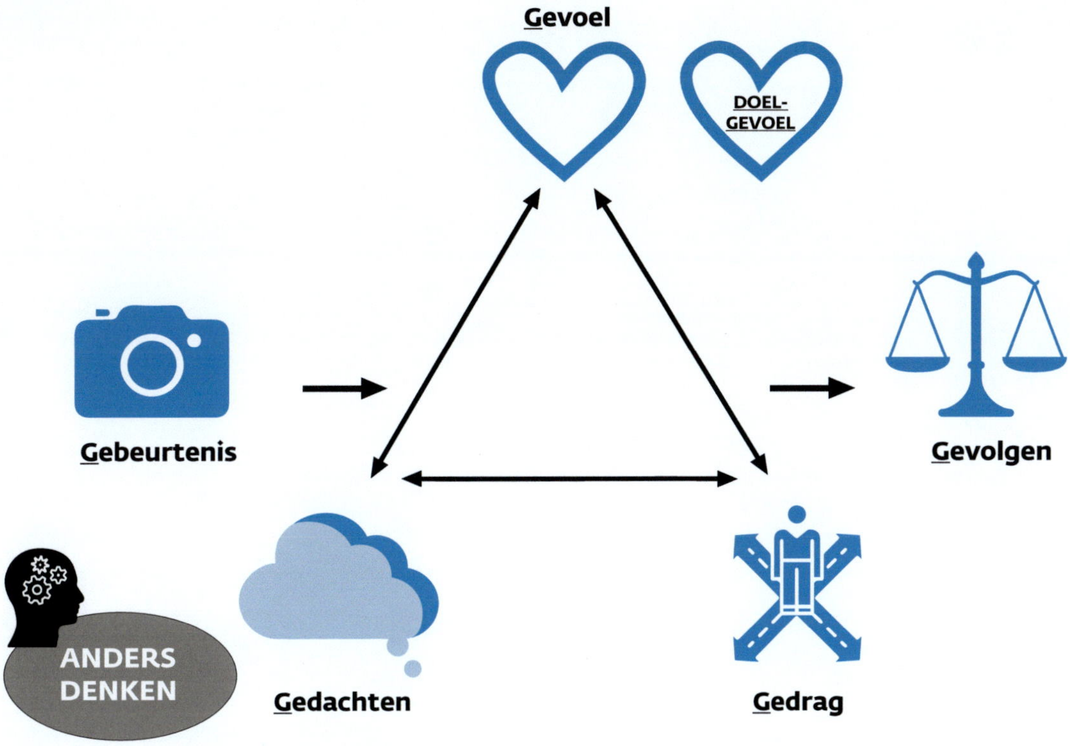

Door **anders te denken** kan je je **gevoelens veranderen en dichter bij je doelgevoel komen!**
Gedachten veranderen kan je in **3 stappen** doen:

1. **Gedachte vangen**
2. **Onderzoeken** of het een helpende of niet-helpende gedachte is
3. Niet-helpende gedachte **vervangen door een helpende gedachte**

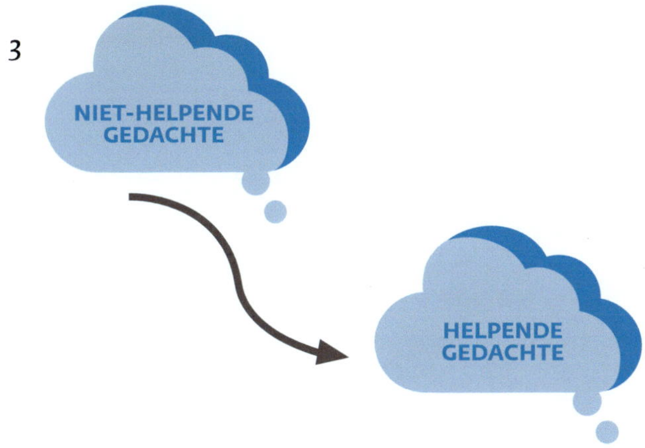

Werkblad 54: Gedachten vangen

Werkblad 55: Helpende gedachte formuleren

Bang

1. Gedachten vangen

Waarom voelde je je zo? Leg uit wat er gebeurde!

____

____

____

Wat dacht je toen?

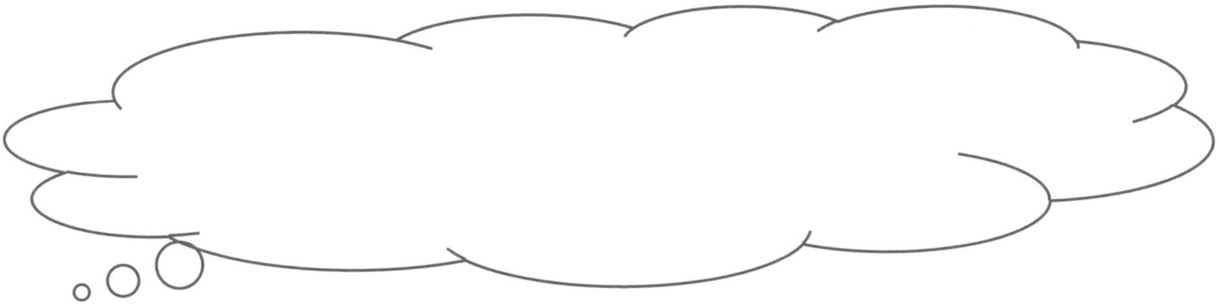

Hoe sterk was je gevoel? (kleur in)

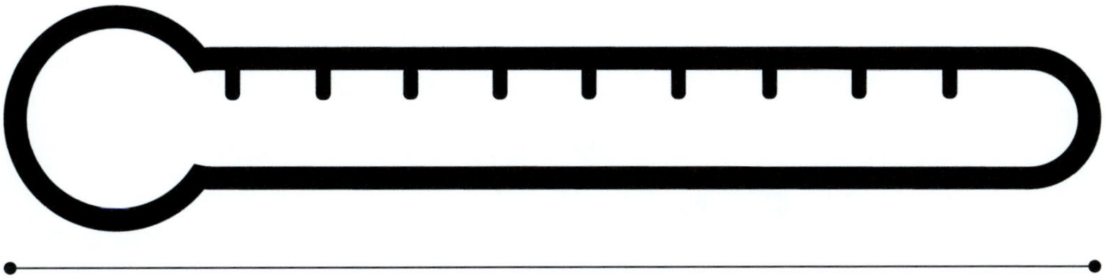

0	100
Helemaal niet	Heel erg

2. Anders denken

Wat zou de duivel denken om je gevoel te versterken?

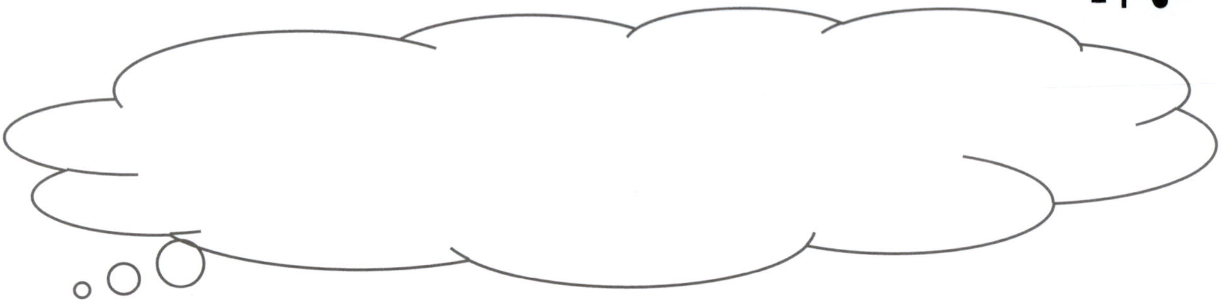

Hoe sterk is je gevoel nu?

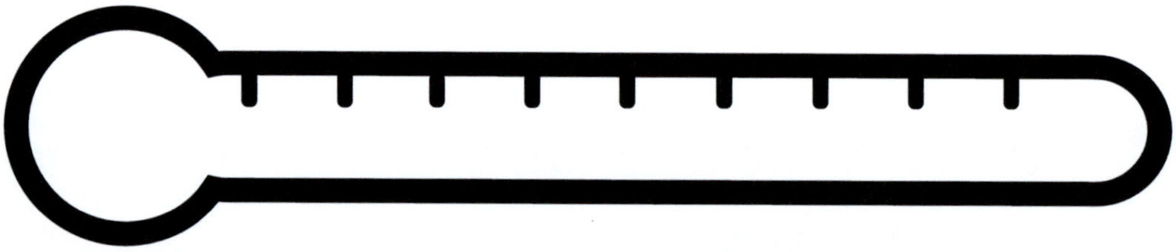

0 Helemaal niet — 100 Heel erg

Wat zou de engel denken om je gevoel te verminderen?

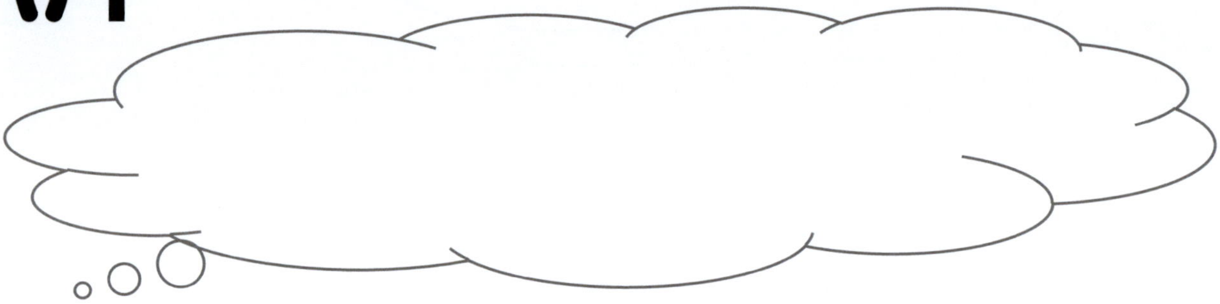

Hoe sterk is je gevoel nu?

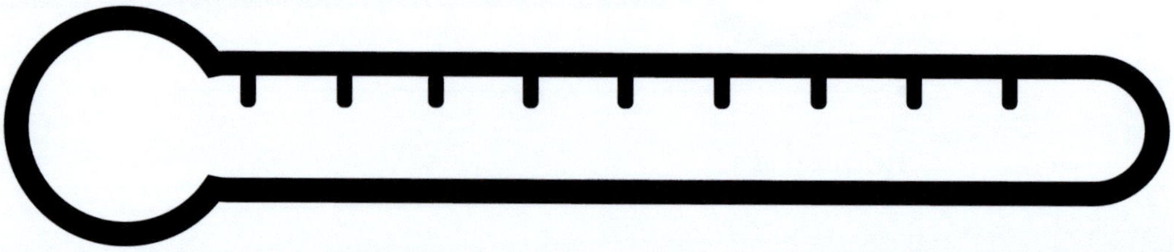

0 Helemaal niet — 100 Heel erg

Boos

1. Gedachten vangen

Waarom voelde je je zo? Leg uit wat er gebeurde!

Wat dacht je toen?

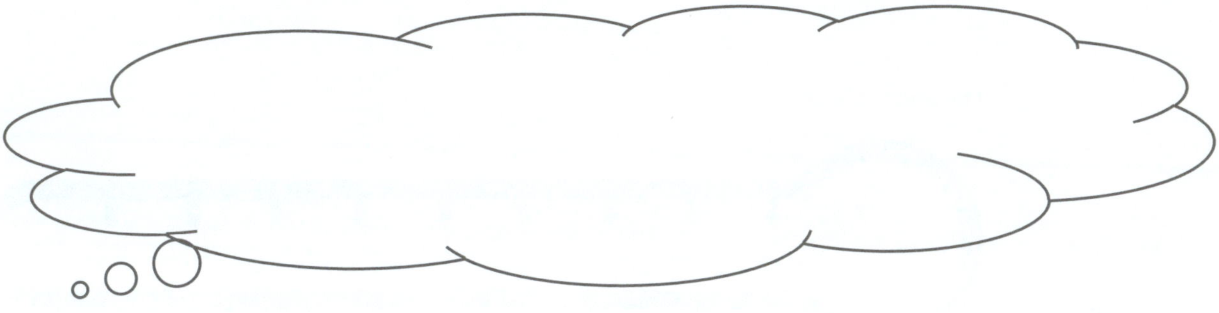

Hoe sterk was je gevoel? (kleur in)

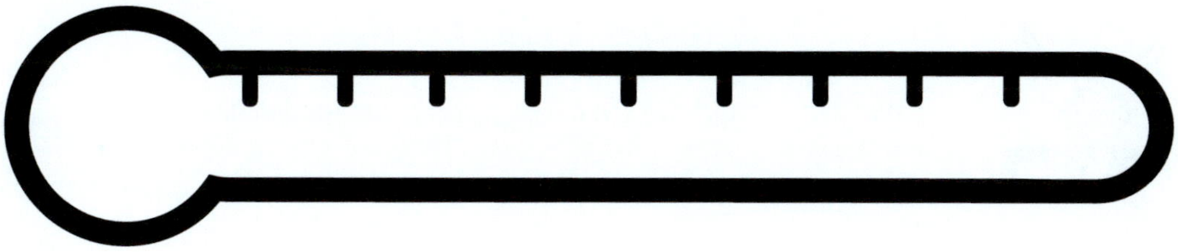

0 Helemaal niet — 100 Heel erg

2. Anders denken

Wat zou de duivel denken om je gevoel te versterken?

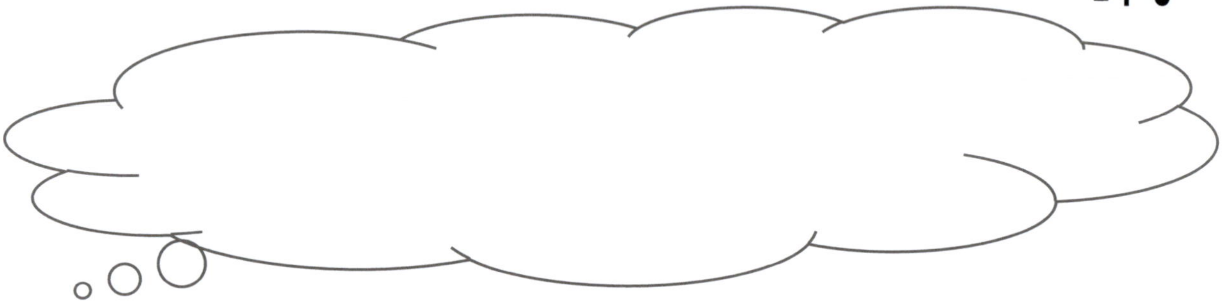

Hoe sterk is je gevoel nu?

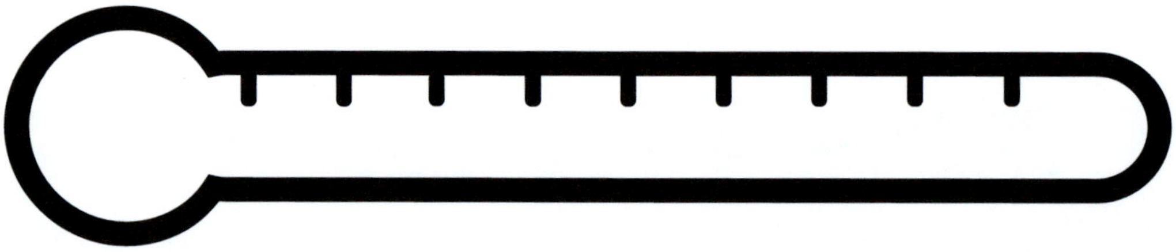

0 Helemaal niet — 100 Heel erg

Wat zou de engel denken om je gevoel te verminderen?

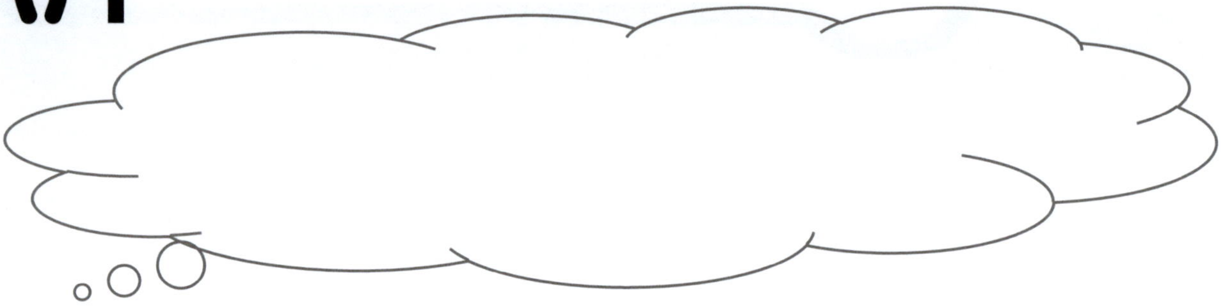

Hoe sterk is je gevoel nu?

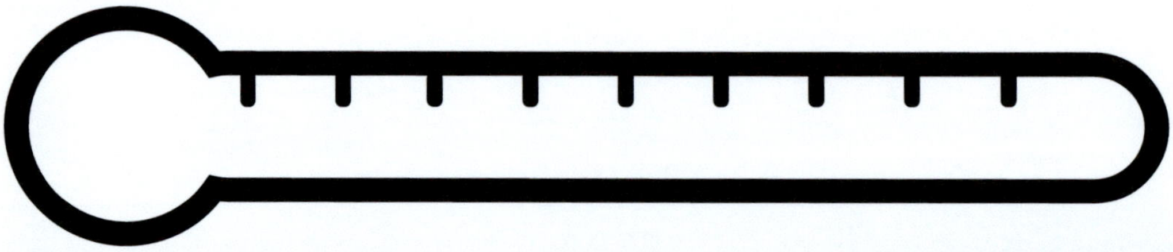

0 Helemaal niet — 100 Heel erg

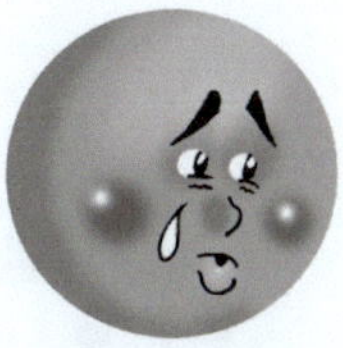

Verdriet

1. Gedachten vangen

Waarom voelde je je zo? Leg uit wat er gebeurde!

Wat dacht je toen?

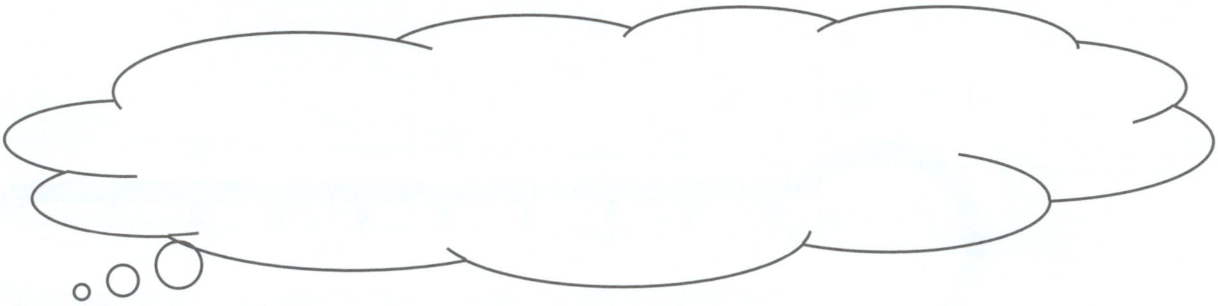

Hoe sterk was je gevoel? (kleur in)

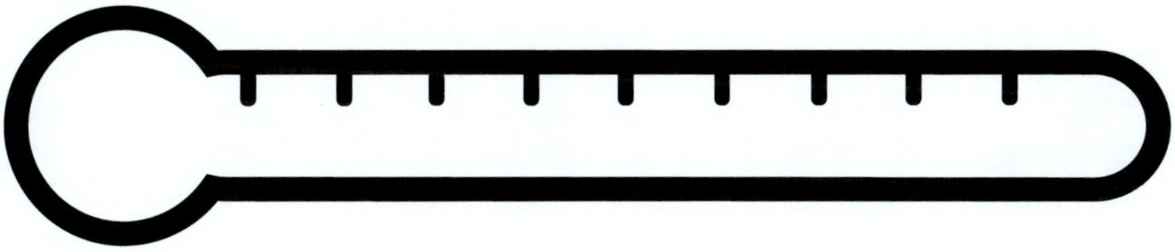

0	100
Helemaal niet	Heel erg

2. Anders denken

Wat zou de duivel denken om je gevoel te versterken?

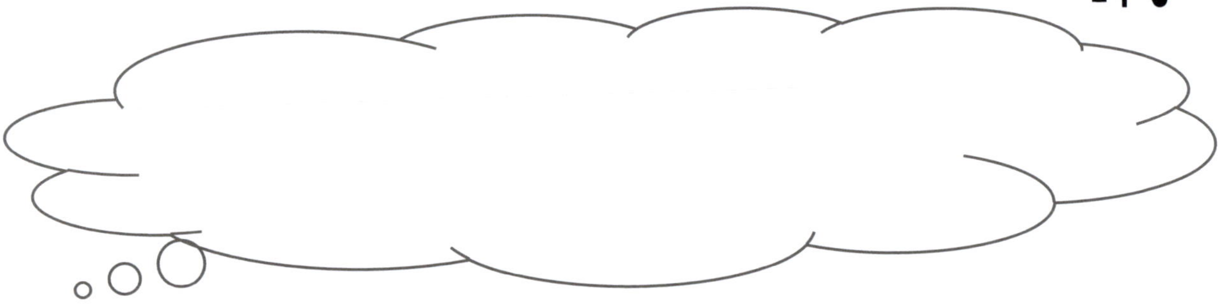

Hoe sterk is je gevoel nu?

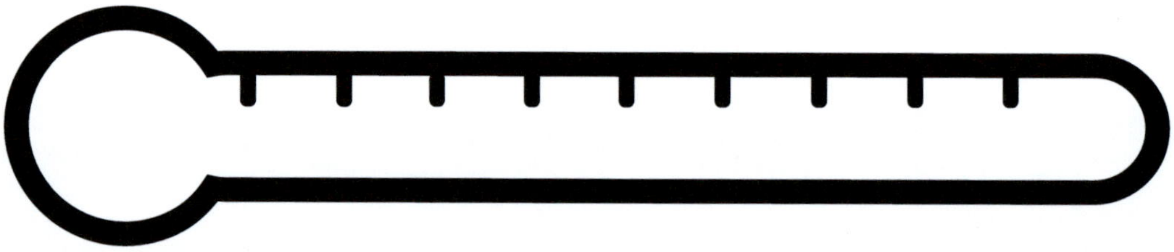

0 — 100

Helemaal niet — Heel erg

Wat zou de engel denken om je gevoel te verminderen?

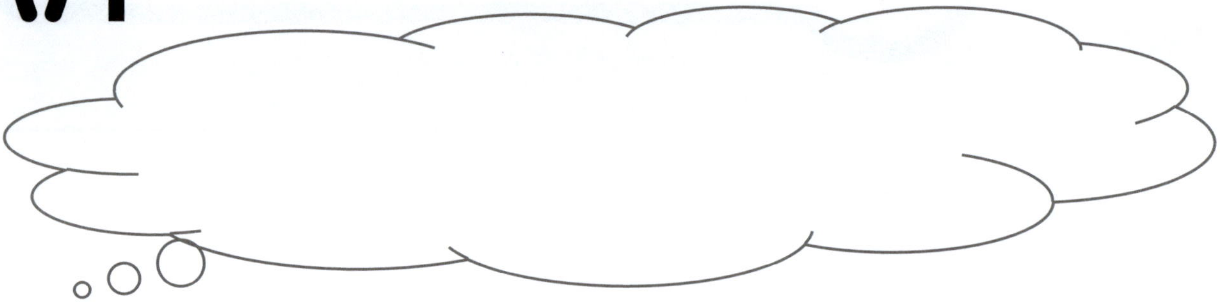

Hoe sterk is je gevoel nu?

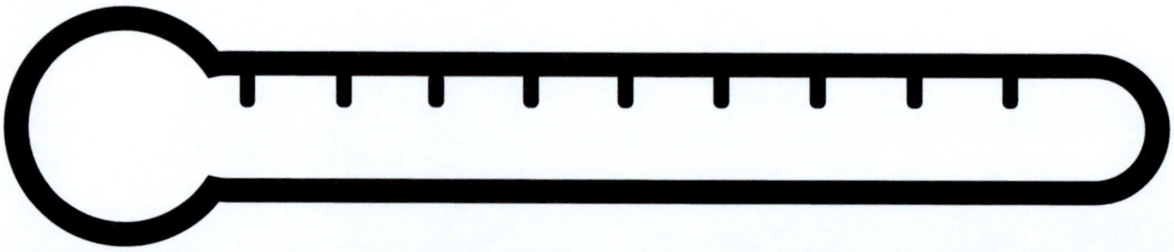

0 — 100

Helemaal niet — Heel erg

Blij

1. Gedachten vangen

Waarom voelde je je zo? Leg uit wat er gebeurde!

Wat dacht je toen?

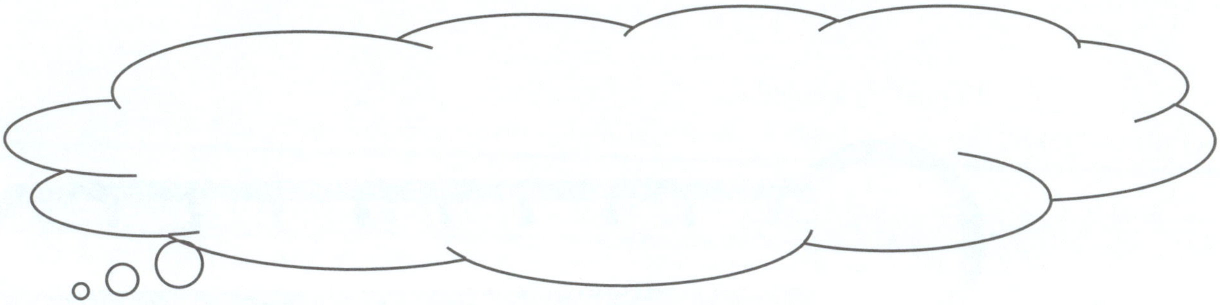

Hoe sterk was je gevoel? (kleur in)

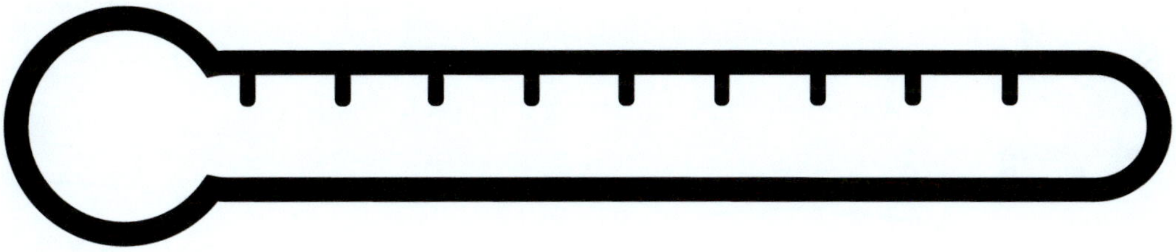

0 — 100

Helemaal niet — Heel erg

2. Anders denken

Wat zou de duivel denken om je gevoel te verminderen?

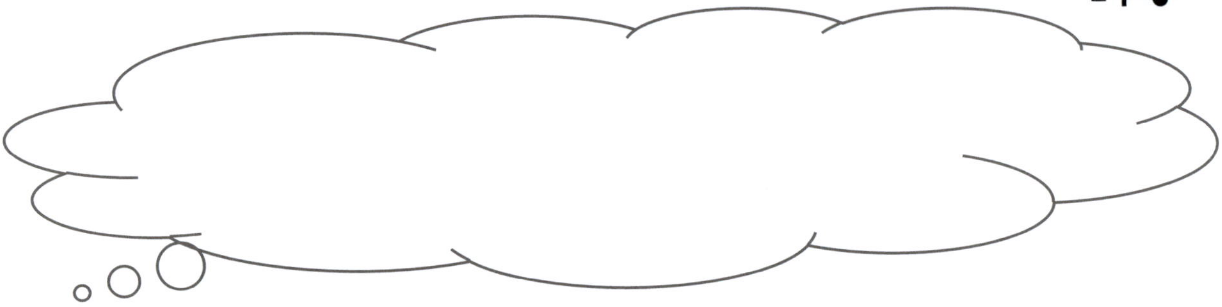

Hoe sterk is je gevoel nu?

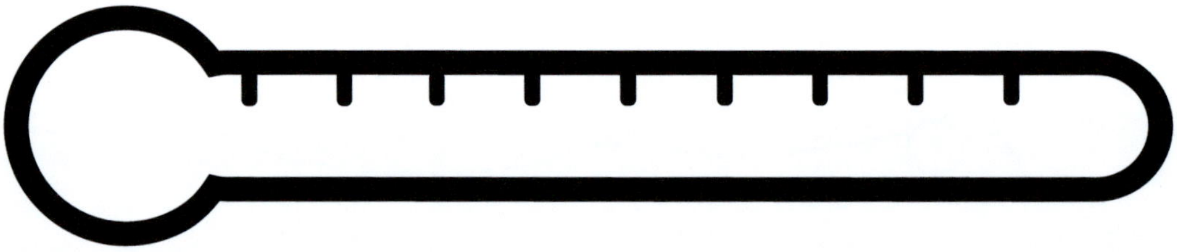

0 — 100

Helemaal niet — Heel erg

Wat zou de engel denken om je gevoel te versterken?

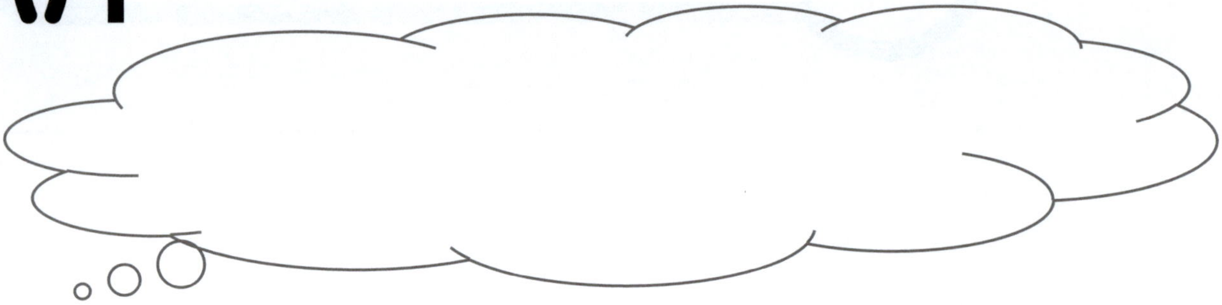

Hoe sterk is je gevoel nu?

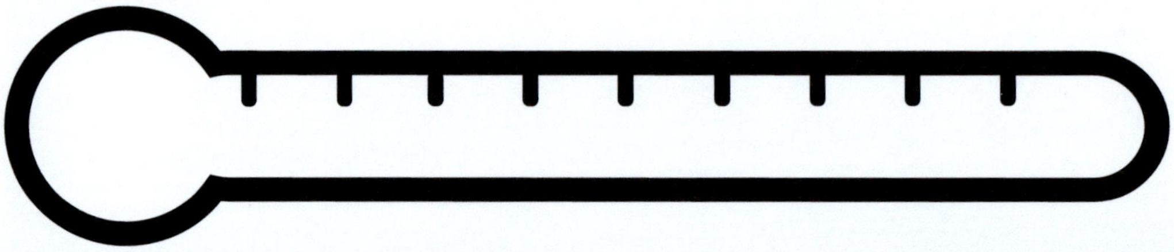

0 — 100

Helemaal niet — Heel erg

EuREKA-TIME 10

Hoe goed lukte de BUIKADEMHALING en SPIERONTSPANNING? (ONTSPAN)

Helemaal niet goed — Heel goed

Hoe goed lukte het om je gevoelens te beleven zonder het te beoordelen als goed of slecht? (BELEEF)

Helemaal niet goed — Heel goed

Hoe goed lukte het om je gevoelens te aanvaarden en vol te houden? (AANVAARD EN HOU VOL)

Helemaal niet goed — Heel goed

Hoe goed lukte het om jezelf hierbij moed in te spreken en op te kikkeren? (SUPPORTER VOOR JEZELF)

Helemaal niet goed — Heel goed

Hoe goed lukte het om je gevoel te analyseren met de 5 G's? (ANALYSEER)

Helemaal niet goed — Heel goed

Hoe goed lukte het om een helpende gedachte te bedenken? (REGULEER - ANDERS DENKEN)

Helemaal niet goed — Heel goed

Diploma stap 6.2: 'Anders denken'

Naam: ______________________________

Handtekening jongere: ______________________________

Handtekening trainer: ______________________________

Bijeenkomst 11: BASISCOMPETENTIE 6 REGULEER PROBLEEEM OPLOSSEN

In deze bijeenkomst zal je de volgende werkbladen nodig hebben:

Werkblad 56: EuREKA-CIRKEL STAP 6.3 PROBLEEM OPLOSSEN
Werkblad 57: PROBLEEM OPLOSSEN
Werkblad 58: ANALYSEREN VAN EEN MINDER LEUK GEVOEL (1)
Werkblad 59: ANALYSEREN VAN EEN MINDER LEUK GEVOEL (2)
Werkblad 60: PROBLEEM OPLOSSEN STAPPENPLAN
EuREKA-TIME 11

Werkblad 56:
EuREKA-cirkel stap 6.3:
'Probleem oplossen'

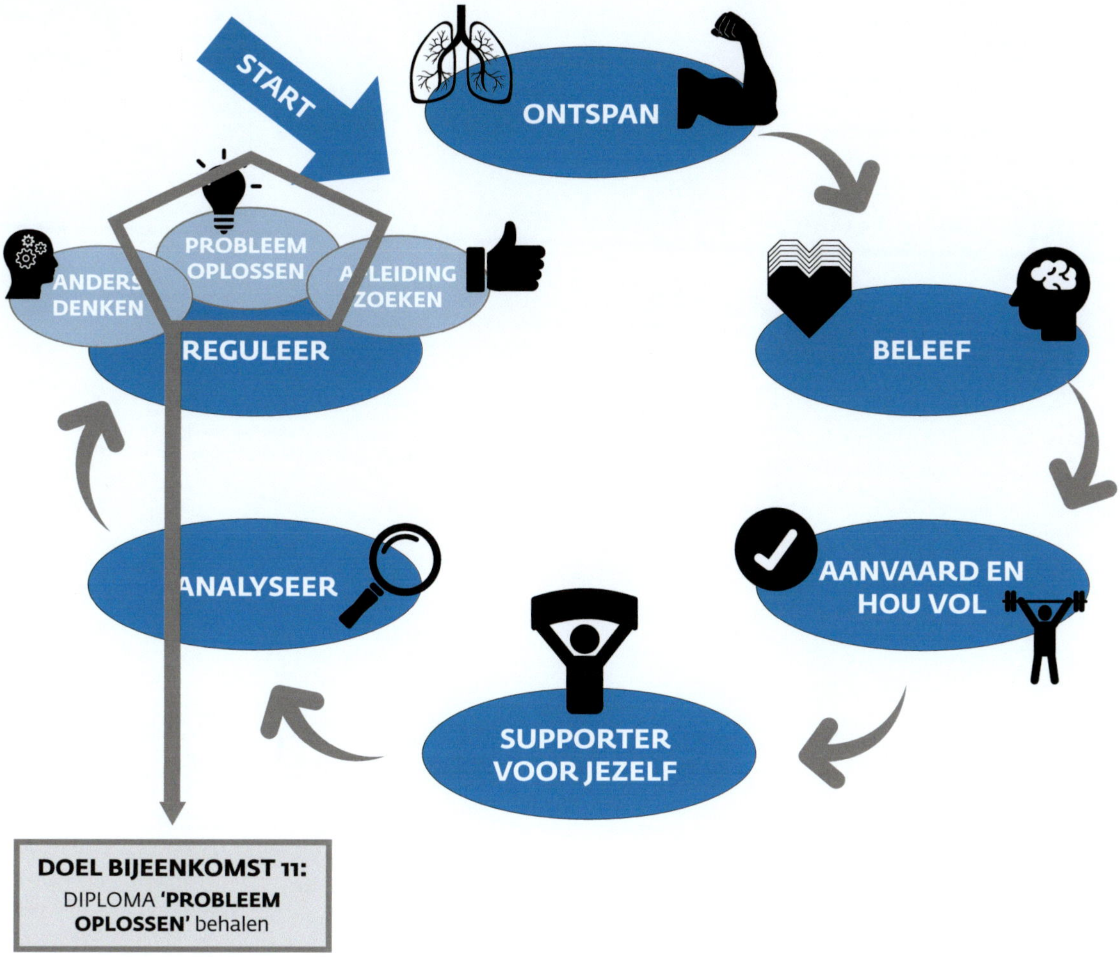

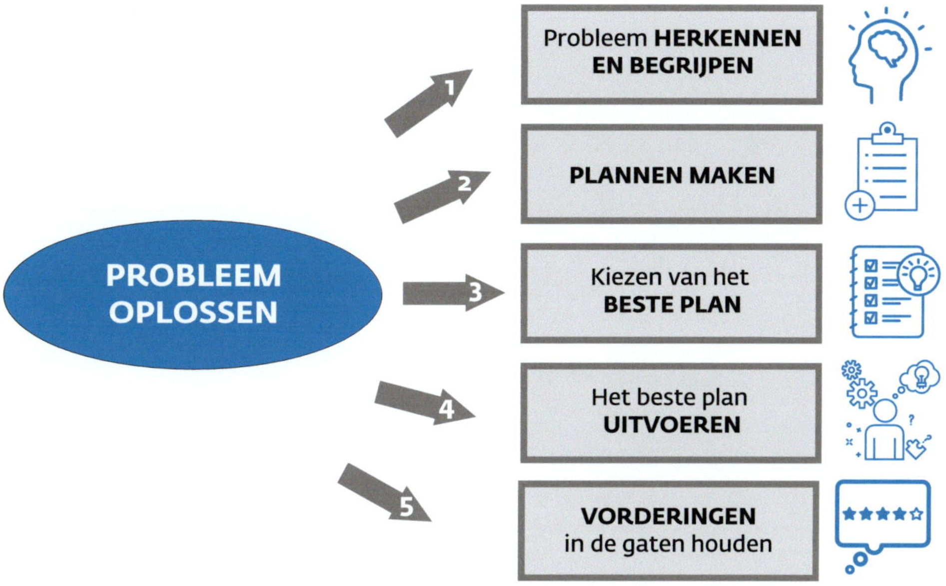

Werkblad 57: Probleem oplossen

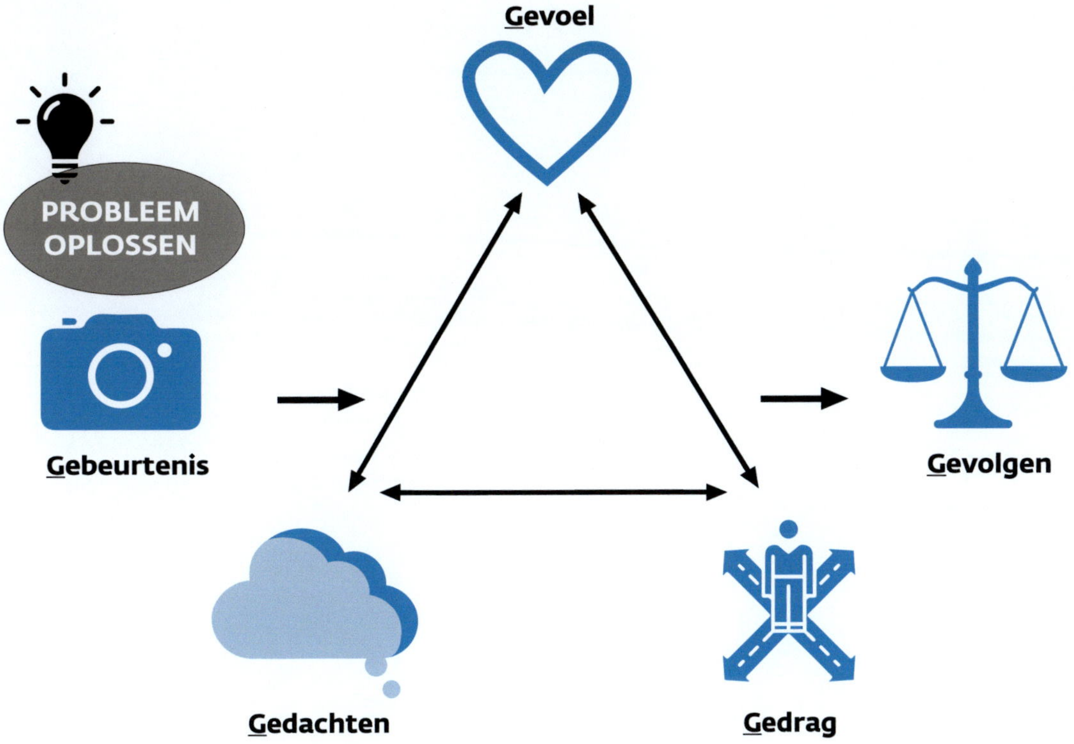

Je kan iets **veranderen** aan de **gebeurtenis** om je gevoel te veranderen en dichter bij je doelgevoel te komen.

- Kan je **zelf iets veranderen** aan het probleem of de gebeurtenis?
- **Hoe je omgaat** met de situatie **hangt af van de manier waarop je ernaar kijkt**
- Als je een **gebeurtenis bekijkt als een probleem** dat niet kan worden opgelost, zal je je **bang, verdrietig of boos voelen.**

Er zijn 5 stappen om het probleem op te lossen:

1. Problemen **herkennen en begrijpen**
2. **Plannen maken**
3. Kiezen van het **beste plan**
4. Het beste plan **uitvoeren**
5. **Vorderingen** in de gaten houden

Werkblad 58: Analyseren van een minder leuk gevoel (1)

Gevoel

Doelgevoel

Gebeurtenis

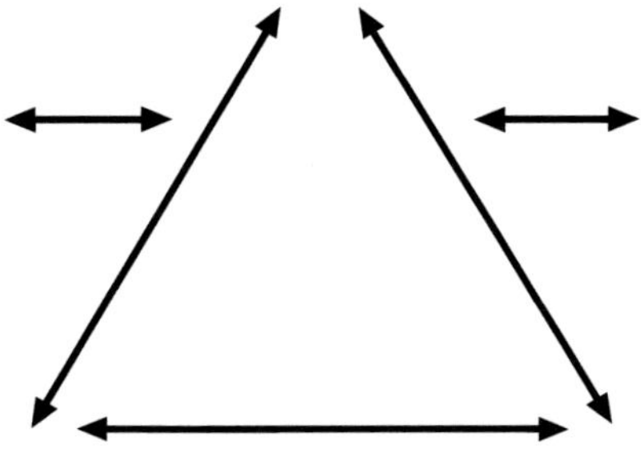

Gevolgen

Gedachten

Gedrag

Werkblad 59: Analyseren van een minder leuk gevoel (2)

Gevoel

Doelgevoel

Gebeurtenis

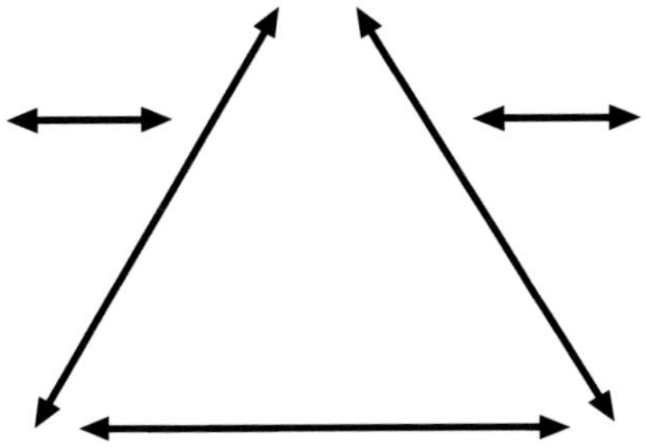

Gevolgen

Gedachten

Gedrag

Werkblad 60:
Probleem oplossen: Stappenplan

STAP 1 : PROBLEEM HERKENNEN EN BEGRIJPEN

Wie?

Wat?

Wanneer?

Waar?

Waarom?

STAP 2 : PLANNEN MAKEN

STAP 3: KIES HET BESTE PLAN

PLAN 1

Is de oplossing veilig?	✓	✗
Is de oplossing eerlijk?	✓	✗
Is het gevoel bij de oplossing aangenaam?	✓	✗
Werkt de oplossing?	✓	✗

PLAN 2

Is de oplossing veilig?	✓	✗
Is de oplossing eerlijk?	✓	✗
Is het gevoel bij de oplossing aangenaam?	✓	✗
Werkt de oplossing?	✓	✗

PLAN 3

Is de oplossing veilig?
Is de oplossing eerlijk?
Is het gevoel bij de oplossing aangenaam?
Werkt de oplossing?

PLAN 4

Is de oplossing veilig?
Is de oplossing eerlijk?
Is het gevoel bij de oplossing aangenaam?
Werkt de oplossing?

IK KIES PLAN NUMMER:

STAP 4: VOER HET BESTE PLAN UIT

STAP 5: HOU JE VORDERINGEN IN DE GATEN

EuREKA-TIME 11

Hoe goed lukte de BUIKADEMHALING en SPIERONTSPANNING? (ONTSPAN)

Helemaal niet goed — Heel goed

Hoe goed lukte het om je gevoelens te beleven zonder het te beoordelen als goed of slecht? (BELEEF)

Helemaal niet goed — Heel goed

Hoe goed lukte het om je gevoelens te aanvaarden en vol te houden? (AANVAARD EN HOU VOL)

Helemaal niet goed — Heel goed

Hoe goed lukte het om jezelf hierbij moed in te spreken en op te kikkeren? (SUPPORTER VOOR JEZELF)

Helemaal niet goed — Heel goed

Hoe goed lukte het om je gevoel te analyseren met de 5 G's? (ANALYSEER)

Helemaal niet goed — Heel goed

Hoe goed lukte het je om het probleem op te lossen? (REGULEER - PROBLEEM OPLOSSEN)

Helemaal niet goed — Heel goed

Diploma stap 6.3: 'Probleem oplossen'

Naam: ______________________________

Jouw handtekening: ______________________________

Handtekening trainer: ______________________________

Bijeenkomst 12: HERHALING

In deze bijeenkomst zal je de volgende werkbladen nodig hebben:

Werkblad 61: EuREKA-CIRKEL
Werkblad 62: EVALUATIE EuREKA-TRAINING
Werkblad 63: MIJN PERSOONLIJKE EHBO-KIT

Werkblad 61: EuREKA-cirkel

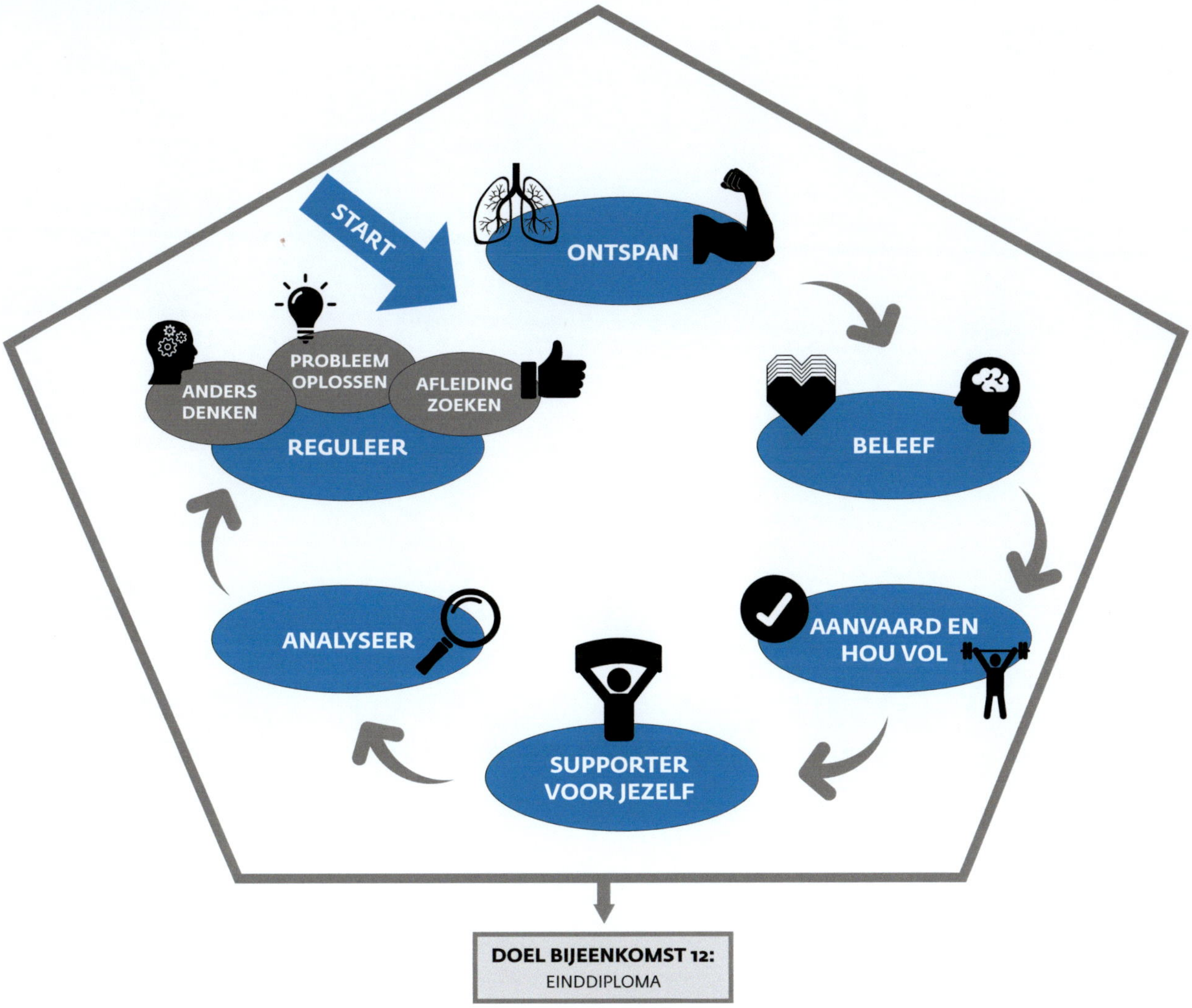

Werkblad 62: Evaluatie EuREKA-TRAINING

Hier mag ik mijn mening geven over de training!

Wat vond ik van de lengte van 1 bijeenkomst (hoe lang deze duurde)?

Wat vond ik van de duur van de volledige EuREKA-training (12 weken)?

Kon ik de geleerde stappen goed begrijpen (vb. ONTSPAN, BELEEF,…)?

Kon ik de uitleg in de filmpjes begrijpen?

Was de sfeer veilig voor mij in het groepje? Kon ik vertrouwelijke dingen delen?

Begreep ik de oefeningen tijdens de training?

Ik kon de EuREKA-CIRKEL oefenen? (geluidsfragment en tijdens bijeenkomst)

Lukte het om mijn huiswerk te kunnen te maken?

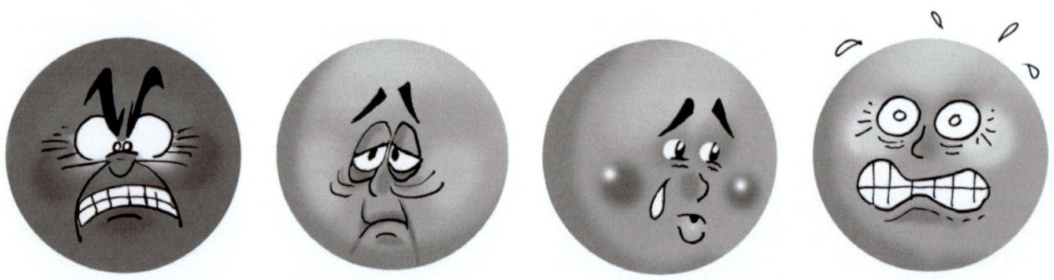

Werkblad 63: Mijn persoonlijke EuREKA-EHBO-KIT

Ik kan mezelf ontspannen via de buikademhaling 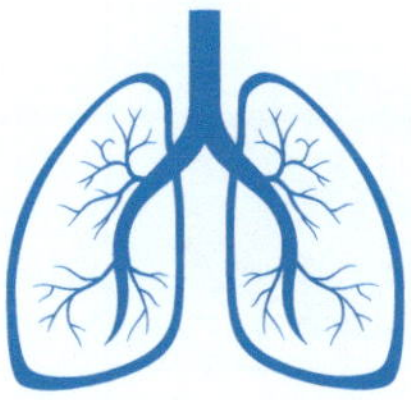	Ik kan mijn spieren ontspannen 	Ik kan mijn gevoel benoemen (ik kan mijn gevoel een naam geven) 
Ik kan aangeven hoe sterk mijn gevoel is (ik kan mijn gevoel scoren op de thermometer) 	Ik kan aangeven waar ik een gevoel in mijn lichaam voel 	Ik kan mijn gevoel echt beleven zonder het te beoordelen als goed of slecht 
Ik kan mijn gevoel aanvaarden 	Ik kan mijn gevoel volhouden (ik kan mijn gevoel er even laten zijn) 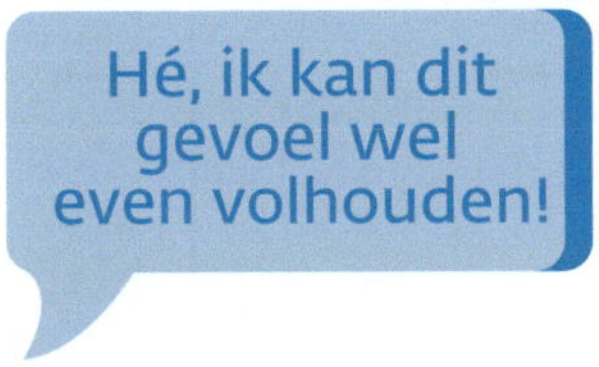	Ik weet wat een gevoel mij wil vertellen (ik weet welke boodschap een gevoel mij wil geven) 
Ik kan mezelf graag zien (ik kan complimenten geven aan mezelf en weet dat ik de moeite waard ben) 	Ik kan voor mezelf zorgen (door goed te eten, bewegen en slapen) 	Ik kan mezelf opkikkeren (YES I CAN!) 

Ik kan zoals een detective mijn gevoel analyseren met de 5 G's (gebeurtenis, gevoelens, gedachten, gedrag, gevolg) 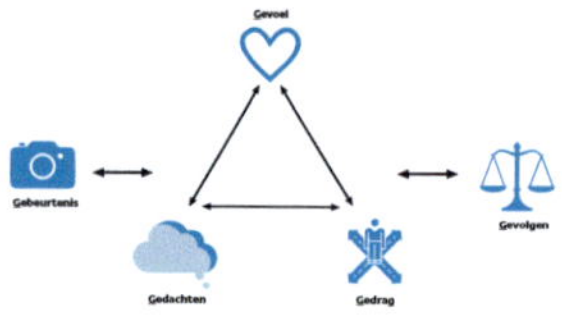	Ik kan mijn doelgevoel bepalen (ik kan aangeven hoe ik mij eigenlijk zou willen voelen) 	Ik weet dat er verschillende manier zijn om mijn gevoelens te reguleren (om mijn gevoelens te kunnen veranderen) 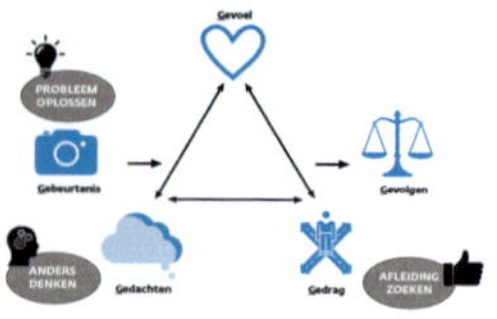
Ik kan mijn gevoel veranderen door mezelf af te leiden en een goede activiteit te bedenken (mijn gedrag te veranderen) 	Ik kan mijn gevoel veranderen door anders te denken 	Ik kan mijn gedachten vangen 
Ik weet of mijn gedachte helpend of niet helpend is 	Ik kan mijn niet-helpende gedachten veranderen in helpende gedachten 	Ik kan mijn gevoel veranderen door mijn probleem op te lossen (iets te veranderen aan de gebeurtenis) 
Ik kan mijn probleem herkennen en begrijpen 	Ik kan verschillende plannen bedenken 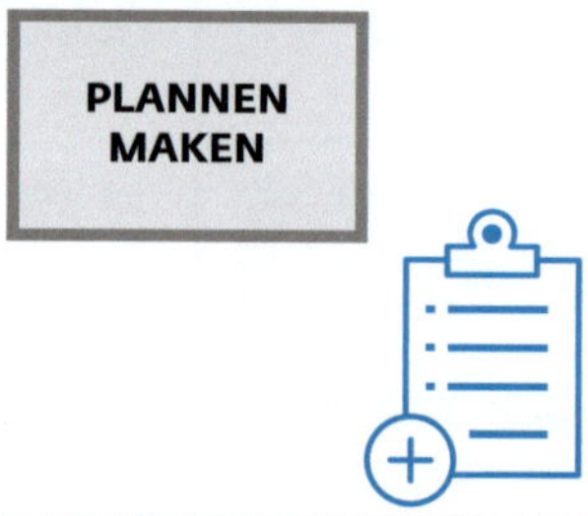	Ik kan het beste plan kiezen 
Ik kan mijn plan evalueren (ik kan bekijken of mijn plan werkt of niet) 	Als mijn plan niet werkt, kan ik een nieuw plan kiezen 	Als het niet gelukt is om mijn gevoel te veranderen, kan ik een andere strategie kiezen! 

Einddiploma EuREKA-training

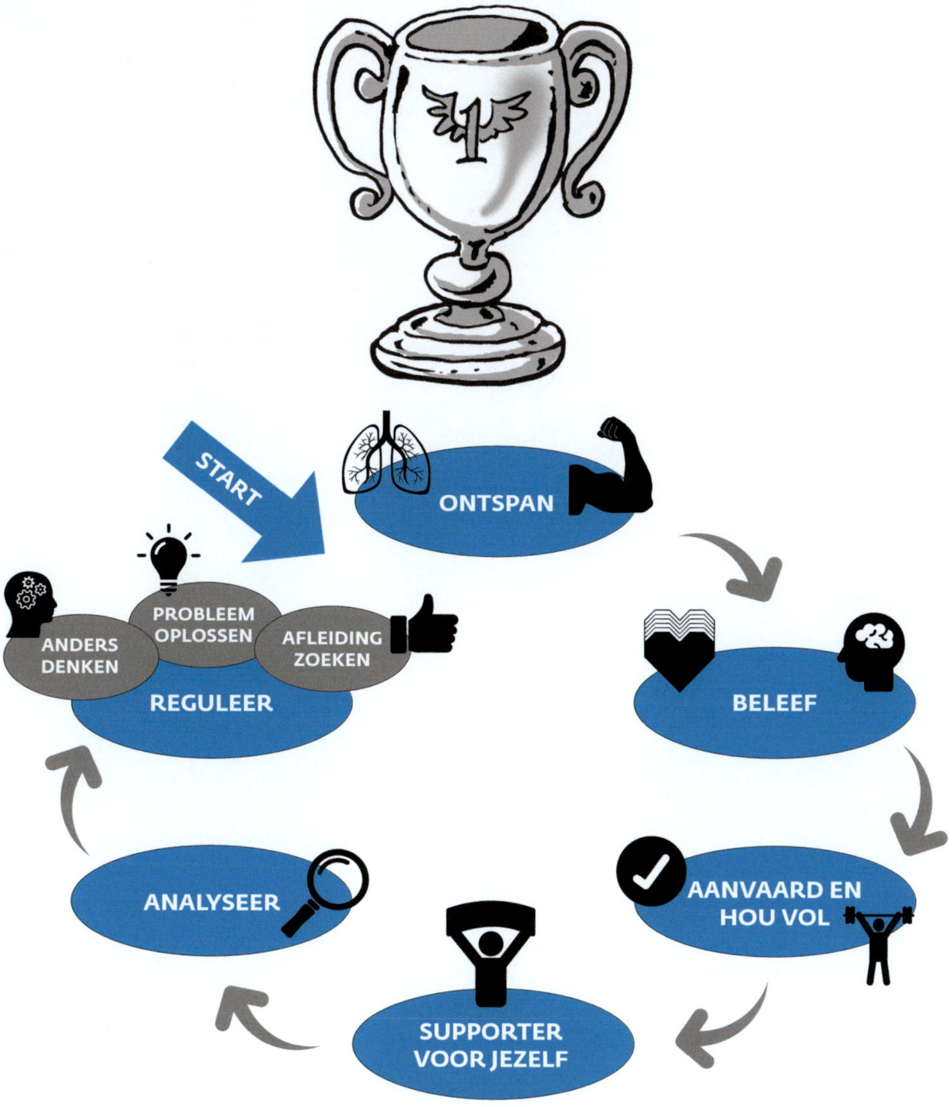

Naam: ______________________________

Jouw handtekening: ______________________________

Handtekening trainer: ______________________________

Printed in France by Amazon
Brétigny-sur-Orge, FR

49958055R00127